Aventuras del ingenioso hidalgo Don Quijote de la Mancha

Miguel de Cervantes

An adaptation
for intermediate
and advanced
students by
Marcel C. Andrade

With illustrations by Gustave Doré

National Textbook Company

NTC a division of NTC Publishing Group • Lincolnwood, Illinois USA

The author wishes to dedicate this book to Professor Harry L. Kirby, formerly of the graduate school at Louisiana State University and now of the University of North Carolina. Thanks, Harry, for everything . . . then and now.

This book is also dedicated to a true friend, Mike Sanchez Barbudo, of New Orleans.

1995 Printing

Published by National Textbook Company, a division of NTC Publishing Group.
© 1994 by NTC Publishing Group, 4255 West Touhy Avenue,
Lincolnwood (Chicago), Illinois 60646-1975 U.S.A.
5 6 7 8 9 0 ML 9 8 7 6 5 4 3

Índice

Índice

Introduction

El ingenioso hidalgo Don Quijote de la Mancha, or *Don Quijote,* by Miguel de Cervantes is regarded as one of the great classics of world literature. It was first published in 1605 and was a great success. In Cervantes's lifetime, sixteen editions of the novel were published and it was translated into French, German, and Italian. Today there are editions of *El Quijote* in all major languages, and it continues to have universal acclaim. The novel's protagonists, the knight errant Don Quijote and his squire Sancho Panza, are still as appealing and realistic to readers on the threshold of the twenty-first century as they were nearly four hundred years ago.

The Life of Cervantes

Miguel de Cervantes Saavedra is perhaps the greatest of the Spanish writers. He is considered to be the creator of the modern novel and his influence over such writers as Dickens, Tolstoy, and Flaubert, as well as Galdós, is undeniable. Although much about Cervantes's early life is unknown, we know that he was born in 1547, in the university town of Alcalá de Henares, near Madrid. He was the fourth child of Rodrigo Cervantes, a surgeon of modest means, and Leonor de Cortinas. It is known that in 1568 Cervantes studied under the famous humanist Juan López de Hoyos, perhaps developing his love for literature at that time. In 1569, Cervantes was in Rome, working for Cardinal Giulio Aquaviva, who had visited Spain on a papal visit. A year later, in 1570, he enlisted in the Spanish army, and in 1571, fought in the famous battle of Lepanto, which ended the immediate threat of Turkish supremacy in the Mediterranean. In that battle, Cervantes was wounded in the chest and also lost the use of his left hand, for, as he said, *"la gloria de la diestra"* ("the greater glory of the right"). For his bravery, Cervantes was honored by Don Juan of Austria, the half-brother of the Spanish King Felipe II and the commander-in-chief at Lepanto. Cervantes subsequently fought heroically in many more sea battles. When he was returning to Spain, his ship *El Sol* was captured by pirates, and Cervantes was taken prisoner to Algiers, where his integrity and bravery during his five-year captivity became legendary. Hassan Pacha, the governor of Algiers, grew to have great admiration for this Spaniard who always took full responsibility for his attempts to escape or aiding in the escape of others. Hassan spared Cervantes's life several times. The Trinitarian Order of priests finally paid Cervantes's ransom in 1580, but even though he was once again a free man in Spain, Cervantes was penniless and unable to obtain an official appointment. His former mentor, Don Juan of Austria, was dead. During this time, Cervantes had a daughter out of wedlock, Isabel de Saavedra, whom he raised himself. He later married Catalina de Salazar y Palacios, the daughter of a well-to-do farmer from near Madrid; apparently, the marriage was not a happy one. Cervantes finally obtained a civil service job, collecting food supplies for the *Armada Invencible,* but had difficulty managing the bookkeeping, and was imprisoned twice for owing money to the treasury. Bad luck and poverty continued to plague him when out of jail. Finally in 1605, he published *El ingenioso hidalgo don Quijote de la Mancha.* Although there were six editions of the novel in its first year of publication, Cervantes did not receive any royalties from his publisher. Nevertheless, the success of the book attracted the interest of the Count of Lemos and the Archbishop of Toledo, who became Cervantes's patrons, even though neither one supplied him with enough money to support his large number of relatives. Cervantes died in April 1616, the same month and year in which Shakespeare died. It is generally agreed that these two geniuses of literature also died on the same day: April 23.

Cervantes's Literary Production

Cervantes lived during *el Siglo de Oro*—the Golden Age of Spain (mid-sixteenth to mid-seventeenth centuries). Although Spain was losing its political supremacy to England and France at this time, this was a period of Spain's great literary productivity—the period of the giants in Spanish literature, including Lope de Vega, Tirso de Molina, Pedro Calderón de la Barca, Juan Ruiz de Alarcón, Francisco de Quevedo, and Luis de Góngora y Argote.

Cervantes wrote a number of plays; however, information on only a few has survived. One of them, *La Numancia,* exalts the courage of the inhabitants of the ancient city of Numancia, in the Iberian Peninsula, which was laid siege in 133 B.C. by the Romans under their general Scipio. After years of resistance, the people of Numancia committed mass suicide rather than surrender to the Romans. Two of his other plays were *El trato de Argel* and *Pedro de Urdemalas* (a picaresque play). During the Golden Age, plays were written in verse. Although Cervantes was a good poet, his poetry is not considered to be outstanding, or of the same quality as that of the masters of the age, yet his verse is creative and his plays are of subtle psychological insight.

Cervantes's real brilliance was in his prose, especially in his narratives. Here are some examples of these works:

- *Novelas ejemplares* is a collection of twelve stories that depict life in the Spain of Cervantes. The word *ejemplares* was chosen by Cervantes to distinguish these short novels from the bawdy Italian novellas, popular at the time. However, some of Cervantes's stories could be considered to be ribald themselves.

- *Ocho comedias y ocho entremeses nuevos* is a collection of short, humorous sketches, in which Cervantes excels in irony.

- *Los trabajos de Persiles y Sigismunda* is a novel that recounts the adventures of its two protagonists. Some consider Cervantes's introduction to this work, written only four days before his death, and in which he describes his own agony, to be literature's most eloquent farewell.

- *Viaje del Parnaso* is an allegorical work with extensive commentary on poets and their poetry.

El ingenioso hidalgo don Quijote de la Mancha is the masterwork of Cervantes. Completed in 1603 or 1604, it might have been written when Cervantes was in jail. The book became so popular that a sequel was written by another writer of the time using the pseudonym Alonso Fernández de Avellaneda. Such "pirating" of another author's work was common during the Spanish Golden Age. In response to this "false" Quijote, Cervantes wrote his own sequel: *Segunda parte del Quijote.*

Critics agree that the first part of *Don Quijote* was intended to be a short novella (as witnessed by the unity of the work's first few chapters). Realizing the humorous and satiric possibilities of the story, Cervantes must have decided to continue the work. In the novel, Cervantes drew on several popular trends: a reaction against books with chivalric characters and the popularity of picaresque novels.

Literary Trends at the Time of Cervantes

Many literary trends influenced the writing of *Don Quijote*. One of these was the development of the picaresque novel, which originated in Spain at the time of Cervantes. The characters in this type of novel were antiheroic. Typically in picaresque novels, middle-aged protagonists tell the story of their lives either to some important person or directly to the reader. The protagonists complain of the wretched masters they have served and describe the misery that they have suffered throughout their lives, until they finally were able to become their own masters. The motivating force of such protagonists, or *pícaros,* is the struggle to survive. The protagonists live by their wits and ingenuity, but they often resort to thievery and deceit; they usually come from the lowest classes. The picaresque novel specializes in social satire and parody. Its structure is episodic: it is made up of stories that are complete in themselves, and there is no overall ascending and descending action. The unity in the novel is provided by the protagonist. The first picaresque novel was *Lazarillo de Tormes,* written in 1554. It is important to note that although *Don Quijote* is episodic and has many picaresque elements, it is not considered a picaresque novel.

Another literary genre that had long been popular in Europe was the novel of chivalry. Early examples were the stories and legends of King Arthur and the Knights of the Round Table, or the Arthurian Cycle. By the time of Cervantes, however, it was a dying genre. In contemporary examples, heroes were often so exaggerated that they seem ridiculous. Cervantes is considered to have contributed to the demise of this genre by his satire of the chivalric hero as embodied in Don Quijote himself.

The pastoral novel was another literary genre popular during Cervantes's time. The protagonists were shepherds (often aristocrats in disguise). They tended their flocks while lamenting the rejection of their love or the death of a beloved. Cervantes himself wrote a pastoral novel, *La Galatea* (1585), which he hoped would win him fame.

Cervantes's Times

Cervantes lived at the end of the Renaissance. This was the period of humanism, focusing on human endeavors and deemphasizing the role of the divine. There was a renewed interest in ancient literature, including the works of Plato and Aristotle.

Another important historical movement was the Reformation. Many religious leaders, spearheaded by Martin Luther, broke away from the Roman Catholic Church, accusing it of corruption. Within the Catholic Church itself, there was the recognition of the need for reform. Erasmus of Rotterdam was a key figure in calling for the reform of the clergy. His influence on the intellectuals of Spain was great. The reform movement in the Church was called the Counterreformation, and it was very strong in Spain. The Holy Inquisition, founded in 1183 to find and punish heresy and heretics, gained prominence in Spain at the time and was feared by many. It could be used as a weapon against anyone with dissenting or nonconformist ideas.

About the Current Edition

This edition of *Don Quijote* has been adapted to be used by second- and third-year students of Spanish. It includes only Book One, or *Primera Parte,* of the 1605 edition, but omits the pastoral and the Moorish novellas. It also shortens or eliminates certain episodes and secondary characters. However, this edition gives students both first-hand experience with *El Quijote* and the opportunity to improve language skills so that they will be able to one day read the complete novel on their own.

Notes to the Reader

1. Read every chapter in its entirety before you attempt to answer the questions at the end. Sometimes material that is at the end of the chapter is needed to answer the first questions.
2. When writing answers to questions, use vocabulary from the chapter as much as possible, since much of it is the actual language Cervantes used.
3. Read the side glosses and footnotes carefully. They are essential aids in understanding the text. A Spanish-English vocabulary is provided at the end of the book.
4. Much of the narrative has been changed into dialogue. The reader might want to practice reading aloud. The text lends itself to dramatization, and parts of it can be staged.
5. Cervantes wrote at the beginning of the Baroque period, when long sentences and the use of words with double meanings were in style. Many of these remain in the text to acquaint you with the language of the period.

Acknowledgments

I wish to express my gratitude to Tim Rogus, my editor, for his great patience and his enlightened work in the preparation of this text.

I would like to thank many outstanding students here at the University of North Carolina at Asheville for their assistance in the preparation of the manuscript, and in particular to Lynne Delk Shields, a Spanish and mass communications major, for her dedication and commitment to the project. Many thanks also to Tonya Allison Anderson, a graduate student in the MLA program, who is finishing her Master's degree in Spanish. My appreciation also goes to Travis Bradley, a University teaching fellow majoring in French and Spanish, and who focused his efforts on the preparation of the vocabulary section. I also wish to acknowledge two graduates of UNC-A: Barbara Ledford, who is a Spanish teacher at North Buncombe School, and Vilma Vélez Quiñones, a teacher at Estes School.

I wish to acknowledge vice-chancellor Tom Cockran and Henry Stern, the chairman of the foreign languages department, for their support. My appreciation also to Charles Massey and Becky Elkin, from the department of computer science. The technical support of the UNC-A Computing Center was indispensable. My sincere "thank you" to Brenda Pickard, Mike Wilson, Rich Brown, and Susan Humphrey.

Primera Parte

EPISODIO 1

Don Quijote, sus circunstancias, su carácter y su condición.

En un lugar de la Mancha, de cuyo° nombre no quiero acordarme,°[1] vivía no hace mucho tiempo, un hidalgo° de mediana condición,° ni muy rico ni muy pobre. Tenía su lanza en astillero,° y conservaba la adarga° antigua de sus antepasados.[2] Tenía un rocín° flaco y un galgo corredor.°[3] Era su costumbre cenar una olla más de vaca que carnero,° o salpicón,° la mayoría de las noches. Los sábados comía duelos y quebrantos.° De vez en cuando añadía un palomino° a su menú de los domingos.[4]

Esto consumía las tres cuartas partes de su hacienda.° El resto de ella concluían una casaca de paño,° unos pantalones de terciopelo° para las fiestas y unos pantuflos° también del mismo material. Los días de entresemana° se vestía de ropa hecha de un fino vellorí.° Tenía en su casa una ama de llaves° que pasaba de los cuarenta años, y una sobrina que no llegaba a los veinte. Tenía además un mozo de labranza° que hacía varios oficios.[5]

Frisaba la edad° de nuestro hidalgo con los cincuenta años. Era de complexión recia,° seco de carnes,° enjuto de rostro,° gran madrugador° y amigo de la caza.°[6] Dicen los autores que escriben sobre este caso, que tenía el sobrenombre° de Quijada, o Quesada, y aun Quejana, pero esto importa poco a nuestro cuento, con tal de que no se aparte de la verdad.[7]

de cuyo whose
acordarme remember
hidalgo lesser nobleman
de . . . condición neither rich nor poor
astillero display case for lances
adarga shield
galgo corredor swift greyhound
carnero mutton
salpicón spiced chopped beef (food of the poor)
duelos y quebrantos scraps of lamb (food of the poor)
palomino dove
hacienda income (from share-croppers)
casaca de paño long woolen coat
terciopelo velvet
pantuflos slippers
días de entresemana weekdays
vellorí wool fabric
ama de llaves housekeeper
mozo de labranza chore boy, young farm hand
frisaba la edad the age was touching on
complexión recia robust disposition
seco de carnes lean
enjuto de rostro thin, lean face
madrugador early riser
caza hunting
sobrenombre nickname

Notas

1. Folk stories and some books of chivalry at this time began: "En lugar muy lejano, de cuyo nombre no quiero acordarme, había una vez . . ." This is similar to "Once upon a time, in a far away land . . ." It is possible that Cervantes was vague about the exact name of the village and the name of his protagonists because he did not want any town or family to be identified with his work. Such detail would have made the novel regional. By being vague Cervantes makes his hero and the setting universal. Some investigators think that Argamasilla de Alba in the province of La Mancha, was the intended home of Don Quijote. Argamasilla was indeed a place that Cervantes would have liked to forget, because at one time he was jailed there. Argamasilla de Alba is located on the west bank of the Guadiana River, about 100 miles southeast of Madrid, about 47 miles due east of Ciudad Real, and about 5 miles southwest of the town of Tomelloso. Other scholars claim that the intended home was Esquivias (20 miles south of Madrid), the native village of Cervantes's wife, Catalina de Salazar, whose ancestors were famous. And there are others who maintain that Don Quijote was from the Campo de Montiel which has well defined boundaries, and is clearly described in the book.

2. Don Quijote was a village nobleman, not a *caballero* (knight). Cervantes tries to minimize Don Quijote's social importance. To establish their status and to impress the townspeople, village noblemen displayed their lances in show cases placed in the portico of their houses. These display cases were similar to today's gun racks.

3. In La Mancha, it was essential for village noblemen to own a horse and a greyhound in order to hunt hares.

4. During Cervantes's time the Catholic Church required abstinence from red meat on Saturdays to celebrate the defeat of the Moors by Alfonso VII. This was abolished in the eighteenth century by Pope Benedict XIV. Nevertheless, it continued on Fridays for many years. Scraps of lamb, the head, giblets, and feet of animals were outside the scope of abstinence. *Duelos y quebrantos* was a meal that consisted of the scraps of a lamb (usually one which had died of sickness or by accident). The word *duelos* connotes the owner's mourning the death of the sheep and *quebrantos* refers to the broken bones put in a large pot of broth. With these references to food, Cervantes makes fun of the meager diet of the "village noblemen" of La Mancha. *Salpicón* was salted, chopped meat fried in olive oil.

5. Cervantes apparently forgets this *mozo* because he is not mentioned again.

6. The physical description of Don Quijote is not arbitrary, but based on the ancient theory of the four humors of the body: blood, yellow bile, lymph (phlegm), and black bile. The fifth century Greek physician, Hippocrates, first originated this theory and applied it to the individual's temperament and actual physical traits. Don Quijote's dry face, thin figure, and withered skin were believed to be the outward traits revealing his high intelligence and rich imagination associated with his choleric and melancholy tendencies. Ironically, Cervantes himself fits this description.

7. The name Quijote was perhaps inspired by the last name of Cervantes's wife's ancestors (the Quijadas) who indeed were from La Mancha and the town of Esquivias.

Cervantes attempts to give the novel historical credibility by pretending that Don Quijote's legend had endured the passage of time, enticing a score of writers to research the trivial details of the true name of Don Quijote.

In fact, during the fifteenth and sixteenth centuries, there lived a priest named Alonso Quijano. A relative of Cervantes's wife, this priest was noted for his great interest in books of chivalry.

A famous Gutierre Quijada, another of Cervantes's wife's relatives, lived in the court of Juan II. He fought in many important battles, such as the battle of *Olmedo* and the battle called *Paso honroso de Suero de Quiñones,* where he killed Suero in 1458.

It is interesting to note that the Quijadas were listed among the thirty-seven noble families of Esquivias in 1576. Don Quijote himself claims to be a descendant, by direct line, of Gutierre Quijada.

Preguntas

1. ¿Dónde vivía don Quijote?

2. ¿Por qué no quiere acordarse Cervantes del lugar de la Mancha?

3. ¿Cómo era la condición de don Quijote?

4. ¿Por qué tenía su lanza en astillero?

5. ¿Por qué tenía un galgo corredor?

6. ¿Qué comía don Quijote? ¿Por qué dice esto Cervantes?

7. ¿Quiénes vivían con don Quijote?

8. ¿Qué edad tenía don Quijote? ¿Qué indica esto?

9. ¿Cómo era don Quijote?

10. Según la teoría de humores, ¿cuáles eran las características de don Quijote?

11. Según la nota, ¿por qué da Cervantes el nombre de Quijote a su héroe?

12. ¿Por qué dice Cervantes que varios autores escriben sobre don Quijote? ¿Por qué cree Ud. que dice que es importante que el cuento no se aparte de la verdad?

EPISODIO 2

De cómo enloqueció° don Quijote.

Se debe saber,° pues, que nuestro hidalgo pasaba sus ratos de ocio° (que eran los más del año) leyendo libros de aventuras caballerescas° con tanta afición y gusto que se le olvidó casi todo.[1] Llegó a tanto° su curiosidad y desatino° en estos libros que vendió muchas fanegas° de tierras de sembrío° para poder comprar todos los libros de aventuras caballerescas que pudo hallar.

Leía en éstos las muchas intricadas razones° que aparecen comúnmente en ellos, y trataba de entenderlas y de desentrañar° su significado. Leía razones como ésta: "La razón de la sinrazón que a mi razón se hace, de tal manera mi razón enflaquece, que con razón me quejo de la vuestra hermosura."[2]

El pobre caballero se desvelaba° por entender estas razones que ni siquiera el mismo Aristóteles[3] pudiera entenderlas si resucitara sólo para esto. El pobre caballero perdía el juicio.° Muchas veces discutía con el cura° de su lugar (que era un hombre docto, graduado de la Universidad de Sigüenza)[4] sobre cuál era el mejor caballero: Palmerín de Inglaterra, Amadís de Gaula, o El Caballero de Febo.[5] Maese Nicolás, el barbero del pueblo, también participaba en estas discusiones.

Como resultado de todo esto, Don Quijote se enfrascó° tanto en su lectura que se le pasaban las noches leyendo de claro en claro° y los días de turbio en turbio.° Por lo que, de tanto leer y de dormir tan poco, se le secó el cerebro° y perdió el juicio.[6]

Imaginaba que era verdad todo lo que había leído en los fantásticos libros: encantamientos, pendencias,° batallas, desafíos,° heridas, requiebros,° amores,

---

enloqueció lost his mind, went crazy

Se ... saber one should know
ocio idleness
libros ... caballerescas books of chivalry
Llegó a tanto it went so far
desatino madness
fanegas 1.6 acres of land
tierras de sembrío fertile fields for sowing
razones arguments, reasoning
desentrañar untangle

se desvelaba stayed awake

juicio soundness of mind
cura parish priest

se enfrascó was deeply absorbed
de claro en claro from dawn to dawn
de turbio en turbio from dusk to dusk
se ... el cerebro his brain dried up
pendencias contests, disputes
desafíos challenges, duels
requiebros endearing expressions

. . . de tanto leer y de dormir tan poco, se le secó el cerebro y perdió el juicio.

tormentas° y disparates° imposibles. Decía que el Cid[7] había sido muy buen caballero; pero que el Caballero de la Ardiente Espada[8] había sido mejor, porque de un revés° de espada había partido por medio a dos descomunales gigantes.° Decía también que mejor era Bernardo del Carpio[9] porque en Roncesvalles había muerto a Roldán el Encantado[10] valiéndose de° la industria de Hércules.[11] Decía también muchas cosas buenas del gigante Morgante[12] porque no era soberbio° y descomedido° como otros gigantes, sino era afable y bien criado.° Pero decía don Quijote que sobre todos estaba Reinaldos de Montalbán,[13] y más cuando robó el ídolo de Mahoma[14] que era todo de oro.

tormentas misfortunes
disparates absurdities, nonsense
revés backhand blow

descomunales gigantes enormous giants
valiéndose de utilizing, using

soberbio arrogant
descomedido disrespectful, rude
bien criado well-mannered

Notas

1. Don Quijote becomes so engrossed in the reading of these absurd books that he forgets everything else.

2. "The reason of the unreason that afflicts my reason, in such a manner weakens my reason that I, with reason, lament for your beauty." These kinds of intricate, foolish "reasons" were typical of many books of chivalry.

3. *Aristóteles:* Aristotle (384–322 B.C.). Perhaps the most respected of all the Greek philosophers, his primary areas of study were logic, biology, physics, and metaphysics. One of his most significant works, *The Poetics,* is among the greatest pieces of literary criticism in existence.

4. The *Universidad de Sigüenza* was considered second rate and their degrees were laughed at by Spanish humorists. This priest is later referred to as a *licenciado* (having a degree in civil law). Cervantes pokes fun at the erudition of the priest. Furthermore, his depiction of this priest as engrossed in matters of chivalry suggests that he is neglecting his Christian ministry to the people.

5. *El caballero de Febo* was a lost book of chivalry which was found and subsequently published by *Clásicos Castellanos* in the 1970s.

6. The excessive mental activity, and not enough of his usual exercise caused the moisture in Don Quijote's brain to dry up. Don Quijote was of a hot, dry temperament, and it was commonly believed that such persons were prone to manias.

7. Ruy Díaz de Vivar, *El Cid* (c. 1040–1099), was the hero of the first Spanish epic poem *El cantar de mío Cid.* He exemplified the perfect medieval knight.

8. *El caballero de la ardiente espada* was the epithet of the hero of the book of chivalry *Amadís de Grecia.*

9. *Bernardo del Carpio* was the celebrated hero who became famous at the Battle of Roncesvalles, where he and his men defeated the armies of Charlemagne in the Pyrenees Mountains. The French epic poem *Chanson de Roland* (twelfth century) tells this story.

10. *Roldán:* According to the chronicles of Charlemagne, Roland died in 788 in Roncesvalles (in the Basque Pyrenees Mountains), fighting the Basque Christians at the rear of Charlemagne's army. Legend transformed him into the nephew of Charlemagne, and the *Chanson de Roland* recounts his exploits.

11. *Hércules:* Heracles Monacus (Hercules the Monk), a great mythological hero, the son of Zeus and Alcmene, was called Hercules by the Romans. Hercules is the symbol of physical strength.

12. *Morgante,* Pasamonte, and Alabastro were fierce giants. The last two were killed by Roland, and Morgante was converted to Christianity. Ludovico Pulci (1432–1484) tells the story in his *Il Morgante.*

13. *Reinaldos de Montalbán* was the hero of the French epic *Renaut de Montalban.* According to legend, he was called "the bastard" because of rumors that he was Charlemagne's illegitimate son. Roland addressed Charlemagne as "uncle." His name appeared often in the Spanish romances. He was one of the Twelve Peers of France, or the best men of Charlemagne. Legends claim that these men were perfect Christian knights. Their names appeared in the *Poema de Fernán González.* Spanish tradition lists them as: Rolando, Oliveros, Arzobispo Turpín, Ogier de Dinamarca, Baldovinos, Reinaldos de Montalbán, Terrín, Gualdabuey, Arnaldo, Angelero, Estolt, and el rey Salomón. French tradition includes several different heroes.

14. *El ídolo de Mahoma:* (The golden statue [idol] of Mohamed). The reference here is found in *Espejo de caballerías* Part I, Chapter 46, where Reinaldos de Montalbán tells Roland: "Oh, bastard, son of a loose female! You lie in everything you have revealed to me. Since stealing from the pagans of Spain is not stealing, I, alone, in spite of forty thousand Moors, or more, seized a gold idol of Mohammed, which I needed to pay my soldiers."

    The law of Moses forbade idol worship; Islam, based on this precept, also forbade this practice. The books of chivalry ignore this fact and mention in several instances the *ídolos de Mahoma.* This was most likely an effort to defame Islam in the eyes of Christians. Cervantes writes further on that Cide Hamete Benegeli, an Arab, was the author of *Don Quijote*. Perhaps Cervantes himself did not know that it was forbidden for Arabs to worship images.

Preguntas

1. ¿Cómo pasaba los ratos de ocio don Quijote?

2. ¿Hasta dónde llegó su curiosidad?

3. ¿Cómo eran las intrincadas razones que leía don Quijote en estos libros?

4. ¿Quiénes eran los dos amigos de don Quijote? ¿Qué discutían?

5. ¿Qué intención tiene Cervantes cuando dice que el cura era docto, graduado de la Universidad de Sigüenza?

6. ¿Cómo se le pasaban las noches y los días a don Quijote?

7. ¿Cuál fue el efecto en don Quijote de dormir tan poco?

8. ¿Qué imaginaba don Quijote?

9. Al decir Cervantes que los libros contenían disparates imposibles, ¿qué nos indica?

10. Según don Quijote, ¿quién era el mejor héroe de todos?

EPISODIO 3

Don Quijote pone en efecto° el más extraño pensamiento que jamás tuvo ningún loco en el mundo.

pone en efecto carries out

Habiendo perdido su juicio, don Quijote pensó que era conveniente y necesario así para el aumento° de su honra,[1] como para el servicio de su patria, hacerse caballero andante e irse por todo el mundo, con sus armas y caballo, a buscar aventuras y hacer lo que hacían los caballeros andantes según los libros de aventuras caballerescas que había leído.[2]

aumento increase

Desharía° todo género° de agravios,° y se pondría en grandes peligros, lo cual le daría eterno renombre° y fama. El pobre caballero ya se imaginaba coronado° rey del imperio de Trapisonda,[3] por lo menos, por el valor de su brazo.°

Y así, con todos estos agradables pensamientos y llevado por el extraño gusto que sentía, se apresuró° en poner en efecto° lo que deseaba. Y lo primero que hizo fue buscar unas armas que habían sido de sus bisabuelos° siglos atrás.°

Limpió entonces, lo mejor que pudo,° una vieja armadura° llena de orín° y moho° que estaba olvidada en un rincón.° Luego vio que la celada° tenía una gran falta. Era solamente media celada.[4] Pero el industrioso caballero no medró,° y con unos cartones construyó una visera° para cubrir su cara. Entonces para probar si era suficientemente fuerte y si podía resistir una cuchillada,° sacó su espada y le dio dos golpes.° Con el primer golpe deshizo° lo que había hecho en una semana. Luego, y por asegurarse de° este peligro, la rehizo° de nuevo, poniéndole unas barras de hierro por dentro, de tal manera que él quedó satisfecho de su fortaleza,° sin probarla° por segunda vez.[5]

Fue entonces a ver a su escuálido rocín que sólo era piel y huesos,° pero a nuestro caballero le pareció que ni el Bucéfalo de Alejandro Magno, ni el Babieca del Cid con él se igualaban.[6]

Tardó cuatro días en escoger un nombre para el rocín, porque no era razón° (según se decía a sí mismo) que el caballo de un caballero tan famoso estuviera sin nombre. Después de mucho pensar, borrar, quitar, añadir,° deshacer y hacer de nuevo, al fin lo llamó Rocinante porque era nombre, a su parecer, alto, sonoro,° y significativo del rocín que antes fue, y ahora era el primer rocín del mundo.

Una vez puesto el nombre, tan a su gusto, a su caballo, decidió ponerse un nombre adecuado° a sí mismo. Pasó en eso ocho días, y al fin vino a llamarse don Quijote.[7] Pero acordándose que Amadís puso el nombre de su patria, Gaula, después de su nombre, pensó que, como buen caballero, debía añadir el nombre de la suya y llamarse don Quijote de la Mancha,[8] nombre que a su parecer declaraba muy a vivo° su linaje y patria; además, la honraba con tomar su nombre.

Desharía He would undo harms
género type
agravios harms, grievances
renombre glory
coronado crowned
valor de su brazo the daring of his weapon hand
se apresuró he hastened
poner en efecto putting into effect
bisabuelos great-grandparents
siglos atrás centuries earlier
lo ... pudo the best that he could
armadura suit of armor
orín rust
moho mold
rincón corner
celada helmet
no medró he did not become discouraged
visera visor, face plate
cuchillada slash with a knife
golpes blows
deshizo undid
asegurarse de to ensure against
rehizo he repaired
fortaleza strength
probarla to test it
piel y huesos skin and bones
no era razón it wasn't right
añadir to add
sonoro sonorous
adecuado adequate, fitting
a vivo vividly

Notas

1. The theme of madness is promptly introduced. Don Quijote will transform everything he has read into reality. The confusion between the real and the

imaginary will be a constant theme in this novel. Almost all of Cervantes's characters have varying degrees of insanity. The theme of "honor" is central to the writings of the Spanish Golden Age.

2. Knights errant were the heroic protagonists of the books of chivalry. This genre was in decadence during the time of Cervantes. Absurd situations, incredible heroes, and the ridiculous became commonplace. In a way, they can be compared to today's soap operas. Cervantes makes a caricature of Don Quijote, personifying in him the popular feeling of the readers of such books; therefore, after *Don Quijote* appeared, no one would dare write books of chivalry.

3. *Trapisonda* (Trebizond) is located on the Black Sea. It was the capital of the empire bearing its name (Greek and Byzantine Empires, 1204–1461). In 1220 the empire was divided four ways: Constantinople, Thessalonica, Trebizond, and Nicaea.

4. *Media celada:* an old fashioned soldier's helmet with a brim covering the top of the head of the sort usually seen in pictures of the Spanish *conquistadores* shown today.

5. Don Quijote is not insane all the time. Notice that he doesn't test the strength of the *celada* a second time.

6. Great heroes gave their horses special names. Bucéfalo was Alexander the Great's horse and Babieca belonged to el Cid. However, the name Rocinante is derived from *rocín:* work horse, or nag, and *ante* or first; thus, the first nag of the world. This horse, in festive humor, seems to be the parody of his master.

7. The *quijote* was the part of a knight's armor that covered the thigh. Notice that Alonso Quijano spent the whole of eight days deciding on a name. Finally *Quijote* (See Ch. 1, Note 7) is the name he chose, perhaps to sound like *Lanzarote* (Lancelot); furthermore, the ending *ote* in Spanish has an undertone of ridiculousness, i.e., *hijote* (a rascally son), *monigote* (bumpkin, puppet), *mazacote* (lumpy mess), etc.

8. It was common for the heroes of the books of chivalry to adopt the name of a country, i.e., Gaule, Greece, Boecia, Iberia, Castile, Corinth, Arcadia, Croacia, Mauritania, Caledonia, Phoenicia, Mesopotamia, etc. Don Quijote adopts the name La Mancha (an arid, flat, farm country, utterly different from the mysterious forests or exotic lands of the romances of chivalry) in comical contrast with the above names. Many of the towns of La Mancha have names which are likewise unromantic and rustic. Argamasilla, for example, means "clay," El Toboso means "spongy limestone."

Preguntas

1. Habiendo perdido su juicio, ¿qué decidió hacer don Quijote?

2. ¿Qué haría? ¿Qué se imaginaba?

3. ¿Cómo puso en efecto lo que deseaba?

4. ¿Qué hizo con la celada?

5. ¿Por qué no probó por segunda vez si era fuerte la celada?

6. ¿Cómo era el rocín de don Quijote?

7. ¿Por qué lo llamó Rocinante?

8. Explique por qué vino a ponerse un nombre adecuado a sí mismo.

EPISODIO 4

Don Quijote decide encontrar una dama de quien enamorarse, y a quien servir.

Limpias ya sus armas, su rocín con nombre, y confirmado ya su propio nombre, don Quijote pensó que le faltaba una cosa más. Tenía que encontrar una dama de quien enamorarse,° porque el caballero andante sin amores era como un árbol sin hojas ni frutos, o como un cuerpo sin alma.° Entonces se dijo así: —Si yo, por mis malos pecados,° o por mi buena suerte° me encuentro por ahí° con algún gigante, como ocurre de costumbre° a los caballeros andantes, y lo derribo° en batalla, o lo parto por la mitad,° o, finalmente, lo venzo° y lo rindo,° ¿no sería bueno tener a quien enviarlo como regalo, para que se hinque de rodillas° ante mi dulce señora y diga con voz humilde: "Yo, señora, soy el gigante Caraculiambro,[1] señor de la isla Malindrania,[2] a quien venció en singular batalla el jamás como se debe alabado° caballero don Quijote de la Mancha. Él me mandó que me presentara a vuestra merced,° para que vuestra grandeza disponga° de mí a su placer."°

¡Oh, cómo gozó° nuestro buen caballero cuando terminó este discurso!° Pero gozó aun más cuando halló a quien dar el nombre de su dama. Y fue, según se cree, que en un lugar cercano al suyo había una moza labradora,° muy bonita, de quien don Quijote un tiempo estuvo enamorado, aunque, según se

enamorarse to fall in love

alma soul

pecados sins
suerte luck
ahí there
costumbre custom
derribo I knock him down
lo parto ... mitad I cut him in half
lo venzo I defeat him
lo rindo I defeat him
se hinque de rodillas kneel down
alabado praised
vuestra merced your grace, your honor
disponga order
placer pleasure
cómo gozó how happy was
discurso discourse, speech
labradora peasant woman

entiende, ella jamás lo supo. Se llamaba Aldonza Lorenzo.[3] Don Quijote pensó que a ella debía darle el título de señora de sus pensamientos.

Buscó un nombre que encaminara° al de princesa y gran señora. Decidió entonces llamarla Dulcinea° del Toboso,[4] porque ella era natural° de ese lugar. Este nombre le pareció a don Quijote músico, significativo y peregrino,° como los otros nombres que él ya había puesto.

encaminara would go well with
Dulcinea sweet or somewhat sweet
natural native
peregrino singular, unique, exotic

Notas

1. *Caraculiambro:* an evil giant, lord of the island of *Malindrania*. His name can be broken into three different words (try it), and it has an off-color, comical implication.

2. *Malindrania:* The comical name of this fictitious island is derived from *malandrines* (rascals, scoundrels) who inhabit it.

3. *Aldonza Lorenzo:* Because of its harsh combination of consonants and vowels, the name is rustic (not poetic), belonging typically to a country girl.

4. *Dulcinea del Toboso:* Dulcinea and Dulcineo were two shepherds in the book *Los diez libros de la fortuna de amor,* by Antonio de Lofraso, published in Barcelona in 1573. However, the name could have been inspired by the name Melibea from *La Celestina.* The name Melibea meant "voice of honey." The name Dulcinea comes from *dulce,* which means "sweet." Cervantes could be using *nea* in the sense of "new," or perhaps "not" (the newly sweet, or the not sweet), or simply giving *Dulci* a humorous ending. El Toboso was a humble village where Aldonza lived. Toboso means "spongy limestone," which is abundant in this area even today.

Preguntas

1. ¿Qué le faltaba a don Quijote? ¿Por qué?

2. ¿Qué haría con el gigante Caraculiambro?

3. Explique la frase ". . . el jamás como se debe alabado caballero don Quijote de la Mancha."

4. ¿Cómo era la labradora, y qué relación había habido entre don Quijote y ella?

5. ¿Qué indica el nombre Aldonza Lorenzo?

6. ¿Cómo decidió llamarla don Quijote?

7. ¿Qué significado cómico tiene El Toboso?

EPISODIO 5

Don Quijote hace su primera salida.

Habiendo hecho todas las preparaciones necesarias, don Quijote no quiso perder más tiempo. Pensó que era muy grande el daño que en el mundo hacía su tardanza,° porque había tantos agravios,° tuertos,° sinrazones,° abusos y deudas° que solucionar.

Y así, sin avisar° a nadie, y sin que nadie lo viera, una madrugada,° antes del día, que era uno de los más calurosos° del mes de julio, se armó de todas sus armas, subió sobre Rocinante, se puso su mal compuesta° celada, embrazó° su adarga, tomó su lanza, y por la puerta falsa° del corral salió al campo, con grandísimo contento y alborozo° de haber dado principio° a su buen deseo con tanta facilidad.

Mas° cuando apenas se vio en el campo, le asaltó° un pensamiento terrible que casi le hizo desistir de su empresa.° Le vino a la memoria° que aún no había sido armado caballero,° y que conforme a la ley de caballería ni debía, ni podía tomar las armas para luchar contra caballero alguno.

Estos pensamientos lo hicieron titubear,° pero pudo más su locura que otra razón y decidió don Quijote hacerse armar caballero por el primero que encontrara, a imitación de muchos otros que así lo hicieron en los libros de caballerías. Así pues, se tranquilizó y continuó su camino, dejando que Rocinante lo llevara donde quisiera,° porque creía que en eso estaba la esencia de sus aventuras.[1]

Don Quijote y Rocinante anduvieron todo el día sin ningún percance,° lo que desesperaba° a don Quijote. Finalmente, al anochecer,° su rocín y él se hallaron cansados y muertos de hambre. Miró entonces don Quijote en su alrededor,° tratando de encontrar algún castillo o alguna majada de pastores° donde recogerse° y remediar sus grandes necesidades. Vio a lo lejos una

tardanza delay
agravios offenses
tuertos wrongs
sinrazones injustices
deudas debts
avisar to give notice
madrugada dawn
calurosos hot
mal compuesta poorly assembled
embrazó he clasped
puerta falsa back door
alborozo merriment
principio beginning
Mas But
asaltó suddenly occurred
empresa undertaking
memoria he remembered
armado caballero dubbed knight
titubear to hesitate

donde quisiera where he wished

percance misfortune

desesperaba made him despair
anochecer dusk
en su alrededor around him
majada de pastores a group of shepherds
recogerse take shelter

venta,° que le pareció ser la estrella de Belén.° Espoleó° a Rocinante y se apresuró en llegar, porque anochecía.

venta inn
la estrella de Belén the star of Bethlehem
espoleó he spurred

Notas

1. The knights in many of the books of chivalry allowed their horses to guide them (as by the hand of God) in search of adventure.

Preguntas

1. ¿Por qué se dio prisa en salir don Quijote?

2. ¿Cuál será su misión?

3. ¿Por qué don Quijote no avisó a nadie de su salida?

4. ¿Qué efecto tendría en don Quijote salir en uno de los días más calurosos del año?

5. ¿Cuál fue el pensamiento terrible que le asaltó a don Quijote? ¿Cuál sería su consecuencia?

6. ¿A quién selecciona don Quijote para que lo arme caballero?

7. ¿Quién decide a dónde va don Quijote?

8. ¿Qué efecto tuvo en don Quijote el que en todo el día no encontrara a nadie?

9. ¿Qué buscaba don Quijote en su alrededor? ¿Por qué?

10. ¿Qué vio a lo lejos?

. . . salió al campo, con grandísimo contento y alborozo de haber dado principio a su buen deseo con tanta facilidad.

EPISODIO 6

Don Quijote habla con dos graciosas° damas.

gracioso gracious

mujeres ... partido prostitutes

arrieros muleteers
se hospedaban were lodging

chapiteles steeples
luciente plata shining silver
puente levadizo drawbridge
honda cava deep moat

que un enano anunciara that a
    dwarf would announce
almenas merlons of a
    battlement
caballeriza stable
distraídas mozas inattentive
    young women
doncellas maidens
solazando relaxing
sucedió it happened
porquero swineherd
recogiendo gathering
manada herd
puercos pigs
cuerno horn
señal signal
o sea that is
espantable frightful
refugiarse take refuge
alzándose raising
descubriendo uncovering
seco ... rostro dry and dusty
    face
gentil talante gentle manner
voz reposada peaceful voice
No fuyan Don't flee (archaic)
las vuestras mercedes your
    ladyships
desaguisado insolence
ca because
non toca ni atañe it doesn't
    pertain
facerle to do (archaic)
altas doncellas high-born
    maidens, virgins
fuera de far from
risa laughter
se corrió was embarrassed
mesura modesty
fermosas beautiful maidens
    (archaic)
sandez foolishness
acuitedes worry
mostredes show
mal talante a bad temper
ál anything else
talle shape, form
acrecentaba increased
enojo anger
ventero innkeeper
se desarrollaba was unfolding

Estaban a la puerta dos mujeres mozas, de esas que les llaman del partido,° las que iban a Sevilla[1] con unos arrieros° que se hospedaban° esa noche en esa venta. Al ver la venta, don Quijote creyó que era un castillo, como los de sus libros, con sus cuatro torres y chapiteles° de luciente plata,° sin faltarle un puente levadizo° y su honda cava.°

Al llegar a la venta que a él le parecía castillo, detuvo a Rocinante esperando que un enano anunciara,° entre las almenas,° con una trompeta la llegada de un caballero. Pero como vio que se tardaban y que Rocinante tenía prisa en llegar a la caballeriza,° se acercó a la puerta de la venta y vio a las dos distraídas mozas° que estaban allí. A don Quijote le parecieron dos hermosas doncellas° o dos graciosas damas que delante de la puerta del castillo se estaban solazando.°

En este momento, sucedió° casualmente que un porquero° que estaba recogiendo° su manada° de puercos° tocó un cuerno,° a cuya señal° los puercos se recogieron. Al instante, se le representó a don Quijote lo que deseaba, o sea° que un enano anunciaba su llegada. Y así, con extraño contento llegó a la venta y a las damas. Ellas, al ver venir una espantable° figura con armadura, lanza y adarga, llenas de gran miedo trataron de refugiarse° en la venta.[2] Pero don Quijote, alzándose° la visera de cartón y descubriendo° su seco y polvoroso rostro,° con gentil talante° y voz reposada° les dijo: —No fuyan° las vuestras mercedes° ni teman desaguisado° alguno; ca° a la orden de caballería que profeso non toca ni atañe° facerle° mal a ninguno, cuanto más a tan altas doncellas° como vuestras presencias demuestran.[3]

Las mozas no entendieron esas palabras, y lo miraban, buscando sus ojos que estaban cubiertos por la mala visera. Pero al oír que las llamaba doncellas, cosa tan fuera de° su profesión, no pudieron contener su risa.° Don Quijote se corrió,° y les dijo: —Bien parece la mesura° en las fermosas,° y es mucha sandez° además la risa que de leve causa procede; pero non vos lo digo porque os acuitedes° ni mostredes° mal talante;° que el mío non es de ál° que de serviros.[4]

El lenguaje de don Quijote, no entendido por las señoras, y el mal talle° de su figura acrecentaba° en ellas la risa y en él, el enojo.° Ellas no podían contener su risa, y don Quijote aumentaba en su enojo. En este momento, por suerte, se presentó el ventero° interrumpiendo la seria situación que se desarrollaba.°

Notas

1. *Sevilla,* having been the hub of trade with America during the fifteenth and sixteenth centuries, was in decline during the time of Cervantes. This fall from greatness was accompanied by moral decadence. It was portrayed by some authors of the time as a city of prostitutes, rogues, and dissolute men (for example, see Tirso de Molina's play *El burlador de Sevilla*).

2. The two young women were obviously frightened by the unusual figure of Don Quijote on horseback in armor. This kind of sight had vanished perhaps two centuries earlier.

3. Don Quijote speaks to the young women in the archaic Spanish of the fourteenth century. They, of course, do not understand: "Fear not, your ladyships, nor fear ye any harm, for it belongs not nor pertains to the order of knighthood which I profess to harm anyone, much less highborn maidens as your appearance proclaims you to be." Note the archaic *f* for *h* in *fuyan* from *fuir* (*huir*) and *facer* (*hacer*) and other archaisms, such as *non* (*no*).

4. "Modesty becomes fair maidens, and moreover laughter that has little cause is great folly. This, however, I say not to pain or anger you, for my desire is none other than to serve you."

Preguntas

1. ¿Quiénes estaban a la puerta? ¿A dónde iban?

2. ¿Qué cree don Quijote que es la venta?

3. Al llegar al "castillo," ¿qué esperaba don Quijote que pasara?

4. ¿Por qué no esperó más tiempo?

5. ¿Qué vio don Quijote al llegar a la puerta?

6. ¿Qué hizo en ese momento un porquero? ¿Qué se le representó a don Quijote?

7. ¿Qué le parece a Ud. la yuxtaposición del cuerno del porquero y la trompeta del enano? Explique su respuesta.

8. Al ver la figura de don Quijote, ¿cómo reaccionaron y qué hicieron las dos mozas?

9. ¿Cómo trató de tranquilizarlas don Quijote? ¿Tuvo éxito?

10. ¿Por qué no entendieron a don Quijote las mozas?

11. ¿Qué sucedió cuando don Quijote las llamó doncellas?

12. ¿Cómo reaccionó don Quijote?

13. ¿Cómo reaccionaron ellas?

14. ¿Cómo se resuelve esta situación?

EPISODIO 7

Entra el alcaide° de la fortaleza.°

La situación entre don Quijote y las mozas hubiera empeorado° mucho si en ese momento no saliera de la venta el ventero, quien era un hombre gordo y como tal pacífico.[1] Al ver la figura armada de don Quijote, el ventero quiso también reírse de él; sin embargo, temiendo las consecuencias de su risa, decidió hablarle comedidamente:° —Si vuestra merced, señor caballero, busca posada,° no tengo lecho disponible,° pero hallará en esta venta todo lo demás en abundancia.

Viendo don Quijote la humildad° del alcaide de la fortaleza, respondió: —Para mí, señor castellano, cualquiera cosa basta porque mis arreos son las armas, mi descanso es pelear . . .[2]

El ventero pensó que don Quijote creía que él era un "castellano"[3] y no lo que era en realidad, un andaluz no menos ladrón que Caco,[4] proveniente de° la playa de Sanlúcar.[5] Respondió entonces el ventero: —Según eso, . . . las camas de vuestra merced serán duras peñas, y su dormir, siempre velar;[6] y siendo así, bien se puede apear,° con seguridad de hallar en esta choza° ocasión y ocasiones para no dormir en todo un año, cuanto más en una noche.

Y diciendo esto, el ventero fue a tener el estribo° de don Quijote, el cual se apeó con mucha dificultad y sin fuerzas,° como alguien que no había comido en todo el día. Luego las mozas, que ya se habían reconciliado con don Quijote, le ayudaron a desarmarse,° le quitaron el peto° y el espaldar,° pero no le pudieron sacar la celada porque estaba atada° con unas cintas verdes,° y era preciso° cortarlas porque no se podían deshacer los nudos.° Don Quijote no les permitió cortarlas y se quedó toda la noche con la celada puesta, y fue la más graciosa° y extraña figura que uno se pudiera imaginar.

Glosas marginales:

alcaide governor
fortaleza fortress

hubiera empeorado would have worsened

comedidamente politely

posada lodging
lecho disponible vacant bed

humildad meekness

proveniente de coming from

apear to dismount
choza humble abode, hut

tener el estribo hold the stirrup
fuerzas strength
desarmarse to take off his armor
peto breastplate
espaldar shoulder piece
atada tied
cintas verdes green ribbons
preciso necessary
nudos knots
graciosa funny

Don Quijote creía que le desarmaban las damas del castillo, y dijo con mucho donaire:°

donaire grace, elegance

—Nunca fuera caballero
de damas tan bien servido
como fuera don Quijote
cuando de su aldea vino:
doncellas curaban dél;
princesas, del su rocino.[7]

Las mozas, que no estaban acostumbradas a oír semejantes razones, no respondían palabra, sólo le preguntaron si quería algo de comer. —Cualquier cosa yantaría° yo—respondió don Quijote—porque tengo mucha hambre.[8]

yantaría would eat (archaic)

Ese día acertó a ser° viernes y no había en la venta otra cosa que comer que bacalao.[9] Le preguntaron si lo comería. Don Quijote respondió que estaba bien, porque el trabajo y peso de las armas no se podía llevar sin el gobierno de las tripas.[10]

acertó a ser happened to be

Le pusieron la mesa° a la puerta de la venta, por el fresco,° y el ventero le trajo una porción de un mal remojado° y peor cocido° bacalao y un pan tan negro y mugriento° como sus armas.

pusieron la mesa they set the table
fresco fresh breeze, open air
mal remojado badly prepared
peor cocido poorly cooked
mugriento dirty, greasy

Era materia de gran risa verlo comer, porque, como tenía puesta la celada y alzada la visera, no podía poner nada en la boca sin ayuda. Para darle de beber, horadó° el ventero una caña.° Metió un cabo° en la boca y por el otro le iba echando° el vino. Don Quijote lo hacía todo con paciencia, con tal de que no le cortaran sus cintas verdes.

horadó pierced
caña straw, reed
cabo one end
echando pouring

En esto, vino a la venta un castrador° de puercos. Anunció su presencia con su silbato de cañas.° Don Quijote entonces acabó de confirmar° que estaba realmente en un famoso castillo y que le servían con música. Empero,° lo que más le fatigaba° era no verse armado caballero, por parecerle que no se podía poner legítimamente en aventura alguna sin recibir la orden de caballería.

castrador castrater
silbato de cañas reed whistle
acabó de confirmar finally confirmed
Empero But, nevertheless
fatigaba bothered, annoyed

Notas

1. . . . *gordo y como tal pacífico:* A reference, again, to the belief that body types corresponded to personalities (See Ch. 1, Note 6).

2. "My armor is my only raiment,
   My only rest the fray . . ."
   These verses come from "La constancia," a well-known poem of the time.

3. *castellano:* This word had three meanings: a native of *Castilla,* a castle warden, and, in the jargon of the underworld (*sano de castilla*), a thief in disguise.

4. *Caco:* In mythology, Cacus was a giant, son of Vulcan, who robbed the Italians of their cattle. His name is proverbial in Spanish for "thief."

5. The localities mentioned by the innkeeper were famous meeting places for delinquents, prostitutes, itinerant workers, and gamblers (See Ch. 8, Note 1).

6. The innkeeper recites the next two verses of the poem in Note 2:
   Your bed will be the solid rock,
   Your sleep: to watch all night.

7. Never was knight so served
   By any noble dame
   As was Don Quijote
   When he from his village came,
   With damsels to wait on his every need
   While princesses cared for his hack . . .

8. Don Quijote often makes claims that he disdains food because of his spirituality. However, as the reader will see, our hero always eats heartily when he can.

9. Catholics used to eat fish on Fridays. *Bacalao,* or cod fish, has a very strong odor. Cervantes uses the odor of the fish for comic effect.

10. . . . for the burden and pressure of the arms cannot be borne without support to the insides (the governing of the intestines).

Preguntas

1. ¿Cómo era el ventero? ¿Por qué? ¿Cree Ud. que hay correspondencia entre el cuerpo y la personalidad? ¿Por qué?

2. ¿Cómo reaccionó el ventero al ver la figura armada de don Quijote?

3. ¿Qué quiere decir "hablar comedidamente"?

4. ¿En qué sentido usa don Quijote la palabra "castellano"?

5. ¿De dónde era el ventero?

6. ¿Por qué cree Ud. que dijo el ventero que don Quijote encontrará en la venta ocasión de no dormir en un año?

7. ¿Por qué se apeó don Quijote con mucha dificultad?

8. ¿Qué hicieron luego las mozas?

9. ¿Por qué no le quitaron a don Quijote la celada? ¿Qué efecto tuvo esto?

10. ¿Por qué recitó los versos de poesía don Quijote?

11. ¿Qué aceptó a comer don Quijote? ¿Cómo es ese pescado?

12. ¿Dónde comió don Quijote? ¿Por qué?

13. Describa la comida de don Quijote.

14. ¿Por qué era materia de gran risa verlo comer?

15. ¿Quién llegó a la venta mientras comía don Quijote, y qué hizo?

16. ¿Cómo interpretó esto don Quijote?

17. ¿Qué era lo que más le fatigaba?

Episodio 8

La graciosa manera en que se preparó don Quijote para armarse caballero.

Don Quijote, ya fatigado de no verse armado caballero, se apresuró en terminar su venteril° y limitada cena, acabada la cual, llamó al ventero y, encerrándose° con él en la caballeriza, se hincó de rodillas ante él y le dijo: —No me levantaré jamás de donde estoy, valeroso caballero, hasta que la su cortesía° me arme caballero andante.

    El ventero, cuando vio a su huésped° a sus pies y oyó semejante razón, lo miró sin saber qué hacer ni decir. Entonces le pidió a don Quijote que se levantara pero don Quijote se negó, hasta que finalmente el ventero prometió que le armaría caballero andante. Don Quijote dijo entonces: —No esperaba yo menos de la gran magnificencia suya, señor mío. Y así, mañana me armará caballero; mientras tanto esta noche velaré° las armas en la capilla° de su castillo. Y mañana se cumplirá° cuanto deseo, para poder, como se debe, ir por

venteril modest, appropriate for a poor inn
encerrándose locking himself up
la su cortesía your lordship

huésped guest

velaré I'll keep a vigil over
capilla chapel
se cumplirá will be fulfilled

todas las cuatro partes del mundo buscando las aventuras en provecho° de los menesterosos.°

El ventero, que era un poco socarrón° y ya tenía algunos barruntos° de la locura de don Quijote, determinó seguirle el humor° para tener de qué reír° aquella noche. Le dijo que él, en sus años de mocedad,° también fue caballero andante y anduvo por muchas partes del mundo, como los Percheles de Málaga, las Islas de Riarán, el Compás de Sevilla, el Azogueo de Segovia, la Olivera de Valencia y otros lugares fabulosos.[1] Dijo que él ejercitó° la ligereza de sus pies,° la sutileza de sus manos,° haciendo muchos tuertos,° y finalmente dándose a conocer° a casi todos los tribunales° de España. Dijo que, al final, había venido a vivir en su castillo, donde recogía él a todos los caballeros andantes, por la gran afición que les tenía y porque compartieran° con él de sus posesiones, en pago de su buen deseo.

El ventero le dijo a don Quijote que su castillo no tenía capilla donde velar las armas porque estaba derribada° para hacerla de nuevo;° pero que en caso de necesidad, él sabía que las reglas de caballería° permitían velar las armas dondequiera,° y que aquella noche las podía velar en el patio del castillo. Le dijo, además, que, Dios servido,° a la mañana se harían las debidas ceremonias, de manera que él quedara muy armado caballero. Luego el ventero le preguntó si traía dinero.

Don Quijote respondió que no traía blanca,° porque él nunca había leído en las historias de los caballeros andantes que ninguno lo hubiera traído. Le dijo entonces el ventero que se engañaba,° porque no se escribía en las historias cosas tan claras y necesarias como traer dinero, camisas limpias y una arqueta pequeña° llena de ungüento° para curar las heridas° recibidas. Finalmente dijo el ventero que casi todos los caballeros andantes tenían escuderos° que llevaban todas estas cosas en alforjas.° Don Quijote prometió al ventero que haría lo que le aconsejaba, y partió hacia el patio del castillo, para velar las armas.[2]

---

provecho benefit
menesterosos the needy

socarrón teaser, jester
barruntos ideas
seguirle el humor to play along with him
tener ... reír to have something to laugh about
mocedad youth

ejercitó practiced
ligereza de pies nimbleness of feet
la ... manos sleight of hand
tuertos wrongdoings
dándose a conocer to be acquainted with
tribunales courts
compartieran they would share

derribada torn down
de nuevo once again
las ... caballería laws of chivalry
dondequiera wherever
Dios servido God willing

no ... blanca he didn't bring a coin

se engañaba he was mistaken

arqueta pequeña small trunk, chest
ungüento ointment
heridas wounds
escuderos squires
alforjas saddle bags

Notas

1. The innkeeper is a knave, the very opposite of the idealist don Quijote. Cervantes gives here the picaresque geography of Spain based in his own knowledge from having served time in prison more than once. He learned from other inmates not only the jargon, but also the most notorious places for common criminals. Such places are those mentioned by the innkeeper. The *Percheles de Málaga* (fish salting and drying place) was a district in the city of Málaga (called Villaviciosa [village of vice] during Cervantes's time)

where fishermen sold their catches. Idle scoundrels frequented many fishing villages on the coasts of Spain. The *Islas de Riarán* was a block of rundown houses in Málaga. The *Compás de Sevilla* was a neighborhood of houses of ill repute in Seville. The *Azogueo de Segovia* was a square on the outskirts of Segovia under the famous Roman aqueduct. This, again, was a meeting place of rogues and scoundrels. The *Olivera de Valencia* refers to an old olive tree in an open field on the outskirts of Valencia. Some shanties near that tree also housed criminals.

2. The advice of the *ventero* is utterly ridiculous. For the idealistic knight to think of details of money, clean shirts, small containers of ointment to cure future wounds, and saddle bags, was unthinkable and unbecoming.

Preguntas

1. ¿Qué le pidió don Quijote, hincado de rodillas, al ventero?

2. ¿Cómo reaccionó el ventero?

3. ¿Cuándo será armado don Quijote? ¿Qué hará esa noche?

4. ¿Qué le gustaba hacer al ventero? ¿De qué se dio cuenta él?

5. ¿Qué le dijo el ventero a don Quijote para seguirle el humor?

6. Según la nota, ¿qué geografía da aquí Cervantes?

7. ¿Por qué sabía tanto Cervantes del mundo de los pícaros?

8. ¿Dónde armará caballero el ventero a don Quijote?

9. ¿Por qué le pregunta el ventero a don Quijote si traía dinero?

10. ¿Cómo interpreta Ud. los consejos del ventero a don Quijote?

EPISODIO 9

Don Quijote vela las armas.

Para velar las armas, don Quijote entonces entró en un corral grande,° que estaba a un lado de la venta, donde había una pila° al lado de un pozo.° Recogió todas sus armas y las puso sobre la pila, y embrazando su adarga, asió° su lanza y comenzó a pasearse° delante de la pila, con gentil continente.° Ya entonces comenzaba a cerrar la noche.°

Con gran risa, el ventero contó a todos cuantos estaban en la venta la locura de su huésped, el velar de las armas, y la armazón de caballería que esperaba.° Ellos, admirados de° tan extraña locura, fueron a mirarlo desde lejos. Vieron, en la claridad de la luna,° que, con sosegado ademán,° unas veces° se paseaba; otras, arrimado a° su lanza, ponía los ojos en las armas sin quitarlos, por largo tiempo.

Por la noche uno de los arrieros que estaban en la venta fue a dar agua a sus mulas. Para el efecto tuvo que quitar de la pila las armas de don Quijote. Enfurecido al ver esto, don Quijote le dijo amenazas° que el arriero no entendió. Cuando el arriero continuó su tarea,° don Quijote, alzando los ojos al cielo, y poniendo su pensamiento en Dulcinea, le ofreció ésta, su primera afrenta.° Levantó su lanza con las dos manos y le dio con ella tan gran golpe° al arriero que lo derribó al suelo° casi muerto.[1] Hecho esto, don Quijote tomó nuevamente sus armas y comenzó nuevamente a pasearse con el mismo reposo que antes.°

Poco después vino otro arriero, que sin enterarse de° lo que le pasó al primero, quiso también sacar agua para sus mulas. Don Quijote, esta vez sin decir palabra, alzó la lanza y derribó a otro arriero. Al oír el ruido,° acudió° toda la gente de la venta. Los compañeros de los arrieros heridos, cuando vieron lo ocurrido, comenzaron a llover piedras,° desde lejos, a don Quijote, el cual se protegía° con su adarga.[2] Todos daban voces,° y don Quijote daba mayores,° diciendo que el ventero era un follón° y mal nacido° caballero, porque permitía ese trato a un caballero.

corral grande large fenced-in grazing pasture
pila trough
pozo well
asió grabbed
pasearse ... de to walk in front of
gentil continente handsome, elegant gait
comenzaba ... noche the night began to fall
armazón ... que esperaba knighthood he expected
admirados de marvelled
luna moon
sosegado ademán calm manner
unas veces at times
arrimado a leaning on

amenazas threats

tarea task

afrenta dishonor
tan gran golpe such a great blow
lo derribó al suelo he knocked him to the ground
el ... que antes the same calm as before
sin enterarse de without finding out about

ruido noise
acudió came running

llover piedras to rain stones

se protegía protected himself
daban voces shouted
daba mayores shouted louder
follón rogue
mal nacido ill-bred

Notas

1. Notice that Don Quijote's choleric nature surfaces. He is impulsive and easily enraged and he reacts instinctively to what he perceives. His lunacy has begun to cause physical pain to himself and to those around him.

2. This is the first time that Don Quijote is attacked.

. . . y comenzó a pasearse delante de la pila, con gentil continente.

Preguntas

1. ¿Dónde veló las armas don Quijote?

2. ¿Qué hizo entonces? ¿Cómo lo hizo?

3. Se ha dicho que los episodios más importantes de *Don Quijote* ocurren por la noche. ¿Puede Ud. indicar cuáles son?

4. El ventero había decidido aceptar lo que don Quijote quería para tener de qué reírse. ¿Qué contó a todos los que estaban en la venta? ¿Qué hicieron ellos? ¿Por qué?

5. Mientras lo miraban ¿qué hacía don Quijote?

6. ¿Qué hizo entonces un arriero?

7. ¿Qué hizo el arriero con las armas de don Quijote?

8. ¿Cómo reaccionó don Quijote?

9. ¿En quién pensaba don Quijote mientras el arriero hacía esto?

10. ¿Qué hizo luego don Quijote?

11. ¿Quién llegó poco después?

12. ¿Qué hizo entonces don Quijote?

13. ¿Qué ocurrió luego?

14. ¿Qué hicieron los compañeros de los dos arrieros heridos?

15. ¿Qué hacían todos?

16. ¿Qué decía don Quijote? ¿Por qué?

EPISODIO 10

Don Quijote es armado caballero.[1]

No le parecieron bien al ventero las burlas° de su huésped, y determinó darle la negra orden de caballería[2] inmediatamente, antes de que sucediera° otra desgracia.° Le dijo entonces que para ser armado caballero sólo restaba de hacer° dos cosas, la pescozada° y el espaldazo.° Y eso se podía hacer en cualquier

las burlas the tricks
sucediera there occurred
desgracia mishap
restaba de hacer there remained to do
pescozada blow on the neck
espaldazo blow on the back (with sword)

lugar. Don Quijote lo creyó todo y le dijo que estaba ya listo a obedecerlo,° y que concluyera° lo más pronto posible, porque si ocurriera otra acometida,° ya armado caballero, no dejaría a persona viva en el castillo, excepto aquellas que el ventero mandara.°

El ventero advertido° y medroso,° trajo luego un libro donde escribía las cuentas° por la paja° y la cebada° que daba a los arrieros, y con una vela° que traía un muchacho, y con las ya mencionadas doncellas, se acercó a don Quijote y lo mandó que se hincara. De seguido,° leyendo en su libro (como que decía° una oración° devota), alzó la mano y le dio sobre el cuello° un golpe; y luego, con su misma espada le dio un gentil° espaldazo, siempre murmurando entre dientes,° como si rezaba.°

Hecho esto, mandó a una de las doncellas que le ciñera° la espada.° Ella lo hizo con mucha discreción, para no reventar de risa° a cada punto de la ceremonia. Pero las proezas° que ellas ya habían visto del novel° caballero les tenían la risa a raya.° Al ceñirle la espada, le dijo la buena señora: —Dios haga a vuestra merced muy venturoso° caballero, y le dé ventura en lides.°

Don Quijote le preguntó cómo se llamaba. Ella respondió que se llamaba la Tolosa, porque era de Toledo. Don Quijote le replicó que de allí en adelante debería llamarse doña Tolosa. Ella se lo prometió.° La otra doncella le calzó la espuela,° y don Quijote le preguntó el nombre. Ella dijo que se llamaba la Molinera. Don Quijote le rogó° que se pusiera el nombre de doña Molinera.[3]

Una vez hechas, pues, a prisa de galope° las ceremonias hasta allí nunca vistas, don Quijote ensilló° a Rocinante, subió en él, abrazó° al ventero diciéndole cosas muy extrañas, y le agradeció° por haberlo armado caballero. El ventero, con no menos retóricas,° y por verlo ya fuera de la venta,° lo dejó ir sin pedirle el pago° de la posada.

obedecerle to obey him
concluyera he would conclude
acometida charge, attack
mandara might order
advertido warned
medroso fearful
las cuentas the bills
paja straw
cebada barley
vela candle
De seguido Next
como que decía as if he were saying
oración prayer
cuello back of neck
gentil graceful
murmurando ... dientes mumbling
como si rezaba as if he were praying
ciñera put on
espada sword
reventar de risa burst from laughter
proezas great deeds
novel rookie
les ... raya kept their laughter in check
venturoso successful
ventura en lides good luck in contests
se lo prometió promised to do it
le calzó la espuela put on his spurs
le rogó begged her
a ... galope at galloping speed
ensilló saddled
abrazó embraced
agradeció thanked
con .. retóricas with speech not any less effusive
ya fuera de la venta already gone from the inn
el pago the payment

Notas

1. This is a ridiculous farce and a parody of the solemn ritual of the dubbing of knighthood. Don Quijote in reality is never knighted. If Sancho, his future squire, had been present, he would have recognized this. But Cervantes is careful to introduce him after this fact. Only rustics, fools, or mad people would believe that don Quijote was a knight.

    Cervantes strictly follows the rituals of dubbing or bestowal of knighthood as follows. The neophyte would first request the honor; once it was given, he would spend a night in a chapel in prayer. The next morning, he would attend mass, and after that he would stand with his head bare and request the conferring from the person designated to perform that act. The conferring knight and a second knight would then place on the neophyte his spurs and his sword. The new knight, with the sword in hand, would take an oath to die defending his lord, his law, and his land, and he would then kneel down and receive the *pescozada* (a blow on the neck) or an *espaldazo* (a blow on the back with the flat side of the sword) at the end of the ceremony. The sword would finally be placed over the knight's head and over his left and right shoulders. This ritual was symbolic and was performed so that the knight would not forget his oath. Finally he was kissed by all, a gesture which signified peace.

2. *negra orden de caballería:* "the accursed conferring of the order of chivalry," because of the mischief Don Quijote was causing thus far.

3. Ironically, Don Quijote does not know that the title *doña* was also used for prostitutes. Nicknames representing the women's place of origin, or parental profession, were indicative of their low social status (*Tolosa,* from Toledo, and *Molinera,* the daughter of a miller).

Preguntas

1. ¿Por qué razón decidió el ventero darle la orden de caballería a don Quijote? ¿Por qué la llama "negra orden"?

2. Según el ventero, ¿cuáles son las dos cosas necesarias para ser armado caballero? Favor de explicarlas según la nota.

3. ¿Se lleva a cabo esta parodia de la ceremonia de iniciación de un caballero según las reglas de caballería? Explique su respuesta.

4. ¿Qué amenaza don Quijote?

5. Según las reglas de caballería, el juramento del caballero debía hacerse sobre una biblia. ¿Sobre qué le hace jurar a don Quijote el ventero? ¿Qué efecto tiene esto?

6. ¿Dijo el ventero las oraciones prescritas? ¿Qué dijo?

7. ¿Quién y cómo le ciñe la espada a don Quijote?

8. ¿Por qué le llama Cervantes "buena señora" a la moza?

9. Según la nota, ¿cuál es lo cómico del título "doña"?

10. ¿Qué hizo luego don Quijote?

11. ¿Qué hizo al final el ventero?

Episodio 11

Lo que le sucedió a nuestro caballero cuando salió de la venta.

Sería el alba° cuando don Quijote salió de la venta, tan contento, tan gallardo,° tan alborozado° por verse ya armado caballero, que el gozo le reventaba° por las cinchas° del caballo.[1] Mas, viniéndole a la memoria los consejos del ventero, pensó que le convenía° volver a su casa y proveerse de° dineros y camisas, y de un escudero. Pensó que un labrador° vecino suyo, que era pobre, y con hijos, sería muy a propósito para ese oficio.[2]

No había andado mucho, cuando le pareció que salían unas voces delicadas,° como de persona que se quejaba, desde la espesura° de un bosque° que allí había. Volviendo° las riendas° de Rocinante, se encaminó° hacia donde le pareció que las voces salían. Y a pocos pasos que entró en el bosque vio atada una yegua° a una encina,° y atado a otra, un muchacho de unos quince años de edad, que era el que las voces daba. Y no sin causa, porque lo estaba azotando° con una correa° un labrador de buen talle,° y cada azote lo acompañaba una represión° y consejo, porque decía: —La lengua queda° y los ojos listos.°

Y el muchacho respondía: —¡No lo haré otra vez, señor mío; por la pasión de Dios!° Y prometo tener, de aquí en adelante, más cuidado con el hato.°

Y viendo don Quijote lo que pasaba, con voz airada° dijo: —Descortés caballero, mal parece° azotar a quien no puede defenderse. Sube sobre tu caballo y toma tu lanza—(que también tenía una lanza arrimada a° una encina)—; que yo te haré reconocer que es ser cobarde° lo que estás haciendo.

El labrador, cuando vio sobre sí° aquella figura llena de armas, blandiendo° la lanza sobre su rostro,° se tuvo por muerto,° y con buenas palabras respondió: —Señor caballero, este muchacho que estoy castigando° es un criado mío, que me guarda una manada° de ovejas que tengo en estos contornos.° Él es tan descuidado,° que cada día me falta una;° y porque estoy castigando su descuido° o bellaquería,° dice que lo hago por miserable,° por no pagarle la soldada° que le debo,° pero en Dios y en mi alma que él miente.°

Don Quijote respondió: —Por el sol que nos alumbra,° estoy por pasarte de parte en parte° con esta lanza. Desátalo° luego.[3]

El labrador bajó la cabeza,° y, sin responder palabra desató a su criado. Don Quijote entonces preguntó al muchacho cuánto le debía su amo. Éste respondió que le debía sesenta y tres reales.[4] Don Quijote ordenó al labrador que desembolsara,° si no quería morir por ello. Entonces respondió el labrador: —El problema es, señor caballero, que no tengo aquí dinero: que venga Andrés conmigo a mi casa, y yo le pagaré todo.

Andrés objetó diciendo: —¿Irme yo con él? ¡No señor, porque viéndose solo conmigo, me desollará° como a un San Bartolomé![5]

el alba dawn
gallardo brave, gallant
alborozado exhilarated
le reventaba burst forth
cinchas girths
le convenía it suited his interests
proveerse de provide himself with
labrador farmer
muy a propósito very fit for
delicadas faint
espesura thickness
bosque forest
Volviendo Turning
las riendas the reins
se encaminó he headed towards
yegua mare
encina oak
azotando whipping
correa leather strap, belt
buen talle large size
represión reprimand
La lengua queda Keep quiet
los ojos listos keep your eyes open
por ... Dios for the love of God
el hato the flock of sheep
airada angry
mal parece it seems wrong
arrimada a leaning against
cobarde cowardly
cuando ... sí when he saw above him
blandiendo brandishing
sobre su rostro in front of his face
se tuvo por muerto he considered himself dead
castigando punishing
manada flock
contornos vicinity
descuidado careless
me falta una I am missing one
descuido carelessness
bellaquería roguish trick
miserable miserly
soldada wages
que le debo that I owe him
miente lies
Por ... alumbra By Jove
de parte en parte from front to back
Desátalo Untie him
bajó la cabeza bowed his head
desembolsara empty his purse
me desollará he will skin me alive

Don Quijote respondió: —Por el sol que nos alumbra, estoy por pasarte de parte en parte con esta lanza.

Don Quijote replicó: —No se hará tal cosa;° basta° que yo se lo mande para que me tenga respeto.° Con tal de que° él me lo jure,° por la ley de caballería que él ha recibido, lo dejaré ir libre° y me aseguraré° que pagará.

Dijo entonces el muchacho: —Mire lo que dice vuestra merced, señor; que éste mi amo° no es caballero, ni ha recibido ninguna orden de caballería. Él es Juan Haldudo,[6] el rico.

Don Quijote respondió: —Eso importa muy poco,° porque cada uno es hijo de sus obras.°

Entonces dijo el labrador: —Hermano Andrés,° yo juro° por todas las órdenes de caballería que hay en el mundo, que te pagaré todo lo que te debo.

Don Quijote dijo al final: —Mira que tienes que cumplir como lo que has jurado; si no, volveré para buscarte y castigarte,° aunque te escondas° más que una lagartija.° Y si quieres saber quien te manda° esto, yo soy el valeroso° don Quijote de la Mancha, el deshacedor de agravios° y sinrazones.° Queda tú con Dios.

Dicho esto, picó° a Rocinante, y en breve espacio° se apartó° de ellos. Cuando Juan Haldudo vio que don Quijote había salido del bosque, se volvió a su criado y le dijo: —Ven aquí, hijo mío, que quiero pagarte lo que te debo.

Y asiéndolo° de un brazo lo volvió a atar a la encina, donde le dio tantos azotes° que lo dejó por muerto. Pero al fin lo desató y le dijo que fuera° a buscar a don Quijote para que ejecutara° la pronunciada sentencia.

Andrés juró ir a buscar al valeroso don Quijote y contarle lo que había pasado. El joven partió llorando° mientras Juan Haldudo se quedó riendo.° Y de esta manera deshizo el agravio el valeroso don Quijote de la Mancha.[7]

tal cosa such a thing	
basta it's enough	
mande ... respeto that I order that he respect me	
Con ... que As long as	
me lo jure he swears to me	
ir libre to go free	
me aseguraré I will ensure	
amo master	
importa muy poco matters very little	
obras deeds	
Hermano Andrés Brother Andrew	
juro I swear	
castigarte to punish you	
te escondas you hide yourself	
lagartija small lizard	
te manda is ordering you	
valeroso brave	
deshacedor de agravios undoer of wrongs	
sinrazones senseless deeds	
picó he spurred	
en breve espacio shortly	
se apartó he withdrew	
asiéndolo grabbing him	
azotes lashes	
fuera to go	
ejecutara execute	
partió llorando left crying	
se quedó riendo remained there laughing	

Notas

1. ... *el gozo le reventaba por las cinchas del caballo:* His joy was so great that it burst through him, down his legs, and through the girth of his horse. This is a comical exaggeration (hyperbole).

2. This *labrador* will be Sancho Panza.

3. Notice that Don Quijote doesn't listen to reason.

4. The *real* was a Spanish silver coin equal to 34 *maravedís*. Its value differed, depending on the king and the period of history.

5. *San Bartolomé:* Saint Bartholomew was a missionary who did his work in India. He returned to Armenia and converted King Polemón to Christianity. However, he became a martyr when Polemón's brother, a pagan, had him skinned alive, and beheaded.

6. *Haldudo* has a modern spelling: *faldudo* from *falda* (one who likes to wear skirts). Cervantes is mocking the farmer.

7. This incident, like many in the novel, has two perspectives: one imagined and one real. Don Quijote imagines that he has successfully accomplished his first feat of chivalry; Andrés knows, nevertheless, that his position is now more dangerous than it was before Don Quijote appeared.

Preguntas

1. ¿Cuándo y cómo salió don Quijote de la venta?

2. ¿Qué le vino a la memoria? ¿Qué piensa hacer?

3. ¿Quién será su escudero?

4. ¿Qué oyó de seguido el novel caballero, cuando pasó por un bosque?

5. ¿Qué vio don Quijote cuando entró en el bosque?

6. ¿Por qué daba voces el muchacho?

7. ¿Qué más hacía el labrador?

8. ¿Qué dijo el labrador?

9. ¿Qué respondió el muchacho?

10. ¿Qué mandó don Quijote con voz airada?

11. ¿Cuál será el objeto del combate?

12. ¿Cómo reaccionó el labrador?

13. ¿Qué respondió el labrador?

14. ¿Qué ordena inmediatamente don Quijote? ¿Qué hace el labrador?

15. ¿Cuánto dinero dice el muchacho que le debe el labrador?

16. ¿Qué le ordena al labrador don Quijote? ¿Qué propone el labrador?

17. ¿Qué objeción hace Andrés? ¿Por qué?

18. ¿Qué manda entonces don Quijote? ¿Cómo interpreta Ud. esto?

19. ¿Qué replicó el muchacho?

20. ¿Qué juramento hace entonces Juan Haldudo?

21. ¿Qué advierte al final don Quijote?

22. ¿Cómo se identifica el novel caballero?

23. ¿Qué hizo luego don Quijote?

24. ¿Qué le dijo irónicamente Juan Haldudo a Andrés? ¿Qué hizo luego?

25. ¿Qué mandó finalmente Juan?

26. ¿Cómo termina este episodio?

27. Favor de interpretar esta acción de don Quijote.

28. Según la nota, ¿cuáles son las dos perspectivas de este incidente?

EPISODIO 12
La aventura de los mercaderes° de seda.

mercaderes merchants

Habiendo andado como dos millas, descubrió don Quijote un gran tropel° de gente, que, como después se supo, eran mercaderes toledanos que iban a comprar seda en Murcia.[1] Eran seis, y venían con sus quitasoles,° con otros cuatro criados a caballo y tres mozos de mulas a pie.

tropel throng, mob

quitasoles parasols

Apenas los vio don Quijote, se imaginó que era cosa de nueva aventura. Y por imitar lo que había leído en sus libros de caballería, con gentil continente,° se afirmó bien en los estribos, apretó la lanza, levantó la adarga hasta el pecho y, poniéndose en la mitad del camino, esperó que aquellos caballeros andantes llegaran (que él ya los tenía por tales°). Cuando llegaron a trecho° que él los podía ver y oír, levantó don Quijote la voz, y con ademán° arrogante dijo: — Deténgase todo el mundo, si todo el mundo no confiesa que no hay en el mundo doncella más hermosa que la emperatriz° de la Mancha, la sin par° Dulcinea del Toboso.

gentil continente pleasant
   countenance

los ... tales took them as such
a trecho near enough
ademán gesture

emperatriz empress
la sin par the unequaled

Los mercaderes se pararon al son° de estas razones, y al ver la extraña figura del que las decía, y por su figura y por las razones, se dieron cuenta de la locura de su dueño; mas quisieron ver despacio en qué paraba° aquella confesión que les pedía. Uno de ellos, que era un poco burlón,° y muy discreto,° le dijo a don Quijote: —Señor caballero, nosotros no conocemos quién es esa buena señora de quien usted habla. Muéstrenosla, y si ella es tan hermosa como usted dice, de buena gana confesaremos la verdad que usted nos pide.

al son to the tune

ver ... paraba to find out about

burlón prankster
discreto articulate

Don Quijote respondió: —Si les mostrara, ¿qué hicieran ustedes° en confesar una verdad tan notoria?° La importancia está en que sin verla lo habrán de creer, confesar, afirmar, jurar y defender;[2] si no, conmigo entrarán en batalla, gente descomunal y soberbia.° Que ahora uno a uno, como pide la orden de caballería; o ahora todos juntos, como es costumbre y mala usanza° entre los de su ralea,° aquí los espero, confiado° en la razón que tengo.

El mercader burlón replicó: —Señor caballero, le suplico en nombre de todos estos príncipes que estamos aquí presentes que, porque no carguemos° en nuestras conciencias la confesión de una cosa jamás vista ni oída por nosotros, y que va en tanto perjuicio de las emperatrices y reinas de Alcarria y Extremadura,[3] que usted nos haga merced de mostrarnos algún retrato° de su señora, aunque sea tan pequeño como un grano de trigo.°

—Le diremos además, que aunque se vea en el retrato que es tuerta° de un ojo y que del otro le mana° bermellón° y piedra de azufre,° con todo esto, por complacer a su merced, le diremos a su favor todo lo que usted quiera.

Don Quijote encendido en cólera° respondió: —No le mana, canalla infame,° eso que dices, sino ámbar° y no es tuerta, sino más derecha que el huso° de Guadarrama.[4]

Y diciendo esto, arremetió° contra el burlón, con tanta furia y enojo, que si la buena suerte no hiciera que Rocinante tropezara y cayera, en la mitad del camino, lo pasara mal el atrevido° mercader.

Cayó Rocinante y fue rodando° su amo por el campo. Se quiso levantar, pero jamás lo pudo, por el peso de las antiguas armas: lanza, adarga, espuelas y celada. Entonces decía: —No huyan, gente cobarde, que no es por culpa mía sino por mi caballo que estoy aquí tendido.°

Un mozo de mulas de los que allí venía, oyendo decir al pobre caído[5] tantas arrogancias, se llegó a don Quijote, tomó su lanza, y después de haberla hecho pedazos, comenzó a dar a nuestro don Quijote tantos palos que, a pesar de la armadura, le molió la cibera.°[6]

Sus amos le daban voces para que no le diera tantos palos,° y que le dejara al pobre caído, sin resultado. Finalmente se cansó el mozo, y siguieron su camino los mercaderes.

Cuando don Quijote se quedó solo, tornó a probar° si podía levantarse, pero si no lo podía hacer cuando estaba sano y bueno, ¿cómo lo podía hacer así molido y casi deshecho?°

Don Quijote aún se tenía por dichoso, porque le parecía que aquélla era desgracia propia de caballeros andantes. Así quedó, tendido, sin poder levantarse.

---

qué hicieran ustedes what good would it do?
notoria obvious

soberbia arrogant, haughty
mala usanza bad habit
ralea (low) class
confiado confident

carguemos burden

retrato portrait
trigo wheat
tuerta missing one eye
le mana oozes
bermellón red dye
piedra de azufre solid sulphur
encendido en cólera inflamed with anger
canalla infame vile swine
ámbar ambergris
el huso the spindle
arremetió he attacked

atrevido daring
rodando rolling

tendido stretched out, lying flat

le ... cibera he milled all his bones
palos blows

tornó a probar tried again

molido y casi deshecho beaten up and almost undone

Un mozo de mulas comenzó a dar a nuestro don Quijote tantos palos que le molió la cibera.

Notas

1. *Murcia* is located in the southeast of Spain. It was famous for its silk during the sixteenth and seventeenth centuries.

2. The statement of Don Quijote follows closely a Biblical passage (John 20:29) where Christ gives the meaning of faith without proof.

3. *Alcarria* was a sparsely populated region in the upper valley of the Tagus river and *Extremadura* was a poor western province of Spain. These were very unlikely places for empresses or queens. The clever merchant realizes he is talking to a madman, and mockingly calls himself and his companions princes.

4. *. . . más derecha que el huso de Guadarrama:* The Guadarrama is the mountain range that separates Old Castile from New Castile. The wood from the *haya* tree (very straight) that grows in these mountains is used to make spindles (*husos*), spoons, and other wooden utensils.

5. *. . . el caído:* This is a suggestion of the fallen angel, like Lucifer himself.

6. *le molió la cibera: Cibera* is the first wheat that is fed into the millwheel to produce flour. Thus don Quijote was "beaten to a pulp."

Preguntas

1. Habiendo andado dos millas, ¿qué descubrió don Quijote?

2. ¿Qué se supo después?

3. ¿Para qué iban a Murcia?

4. ¿Qué se imaginó don Quijote? ¿Cómo esperó a aquellos caballeros andantes?

5. ¿Qué ordenó don Quijote, con ademán arrogante?

6. ¿Cómo reaccionaron los mercaderes?

7. ¿Qué pidió el mercader que era burlón y muy discreto?

8. ¿Qué demanda don Quijote de los mercaderes de seda?

9. ¿Qué amenaza hacer don Quijote si ellos no cumplen su demanda? ¿Cómo los insulta?

10. ¿Qué propone el mercader burlón? ¿Qué título se da a sí mismo y a sus compañeros éste?

11. ¿Cómo insulta el mercader burlón a don Quijote?

12. ¿Cómo reacciona don Quijote?

13. ¿Qué hace luego don Quijote?

14. ¿Por qué no podía levantarse del suelo don Quijote?

15. ¿A quién da don Quijote la culpa de su fracaso?

16. ¿Qué hizo al caído un mozo de mulas?

17. ¿Qué le dijeron los mercaderes al mozo de mulas?

18. ¿Qué hizo don Quijote cuando se quedó solo?

19. ¿Por qué se tenía por dichoso don Quijote?

20. ¿Cómo termina este episodio?

EPISODIO 13

El "marqués de Mantua" rescata° a don Quijote.

rescata rescues

Viendo don Quijote que no podía levantarse, se acogió° a su acostumbrado remedio, que era pensar en algún paso° de sus libros de caballería. Su locura le trajo a la memoria un episodio del marqués de Mantua, cuando Carloto lo dejó herido en la montaña. Entonces comenzó a revolcarse° por la tierra y a decir con debilitado aliento° lo mismo que decía Valdovinos:

se acogió he took refuge
algún paso some episode

revolcarse to thrash about
debilitado aliento weakened voice

—¿Dónde estás, señora mía,
que no te duele mi mal?
O no lo sabes, señora,
o eres falsa y desleal.

. . .

¡Oh, noble marqués de Mantua,
mi tío y señor carnal!¹

Y quiso la suerte que cuando llegó a este verso, acertó a pasar° por allí un labrador vecino suyo, que regresaba, dejando una carga° de trigo en un molino. Cuando éste lo vio, le preguntó quién era y qué mal sentía, que tan

acertó a pasar there happened to pass by
carga load

tristemente se quejaba. Don Quijote creyó sin duda, que quien le hablaba era el marqués de Mantua, su tío, y se creyó ser Valdovinos, el sobrino del marqués. Y así no respondió otra cosa sino prosiguió en su romance,° contándole de su desgracia y de los amores del hijo de Carlomagno.[2]

romance ballad

El labrador estaba admirado oyendo aquellos disparates;° y quitándole la visera, que ya estaba hecha pedazos, le limpió el rostro, y lo reconoció y le dijo: —Señor Quijana,[3] ¿quién le ha puesto a su merced de esta suerte?

disparates crazy statements

Pero don Quijote seguía respondiendo con su romance a cuanto le preguntaba. Viendo esto el buen hombre, le quitó el peto° y el espaldar° lo mejor que pudo, para ver si tenía alguna herida; pero no vio sangre ni señal alguna. Procuró levantarlo del suelo, y no con poco trabajo le subió sobre su jumento,° por parecerle caballería más sosegada.° Recogió las armas, hasta las astillas de la lanza y las lió° sobre Rocinante, al cual tomó de la rienda y del cabestro° al asno, y se encaminó° hacia su pueblo, bien pensativo, por los disparates que decía don Quijote.

peto the chest cover of a knight's armor
espaldar the back cover of the armor
jumento donkey, ass
caballería más sosegada a softer ride
lió tied
cabestro halter
encaminó traveled

Don Quijote, por su parte, de puro molido° no se podía tener sobre el borrico,° y de cuando en cuando daba unos suspiros° que los ponía en el cielo. En ese punto, olvidándose de Valdovinos, se creyó ser el moro Abindarráez, cuando el alcalde de Antequera, Rodrigo Narváez, lo prendió° y lo llevó prisionero a su alcaldía.°

de puro molido on account of being so crushed
borrico donkey
suspiros sighs

prendió captured
alcaldía office

De suerte que cuando el labrador le volvió a preguntar cómo estaba, don Quijote respondió las mismas razones que Abindarráez respondía a Rodrigo Narváez en la *Diana* de Jorge de Montemayor.[4] El labrador se iba dando al diablo° de oír tanta máquina de necedades;° por donde reconoció que su vecino estaba loco. Entonces se dio prisa a llegar al pueblo por excusar° el enfado que don Quijote lo causaba con su larga arenga.° A esto respondió el labrador: —Mire vuestra merced, señor, ¡pecador de mí!,° que no soy don Rodrigo de Narváez, ni el marqués de Mantua, sino Pedro Alonso, su vecino; ni su merced es Valdovinos ni Abindarráez, sino el honrado hidalgo señor Quijana.

dando al diablo getting very angry
máquina de necedades collection of foolishness
excusar to spare
larga arenga long harangue
pecador de mí sinner that I am

Don Quijote replicó: —Yo sé quien soy, y sé que puedo ser no sólo los que he dicho, sino todos los Doce Pares° de Francia, y aun los Nueve de la Fama, pues todas las hazañas que ellos todos juntos y cada uno por sí hicieron, se aventajan las mías.°[5]

Doce Pares Twelve Peers

se aventajan las mías mine are greater than

En estas pláticas y en otras semejantes llegaron al lugar al anochecer;° pero el labrador aguardó° a que fuera algo más de noche, para que no vieran al molido hidalgo tan mal caballero.[6]

anochecer nightfall
aguardó waited

*. . . el labrador aguardó a que fuera algo más de noche, para que no vieran
al molido hidalgo tan mal caballero.*

Notas

1. Where art thou, lady mine,
   That for my woe thou doest not grieve?
   Alas, thou know'st not my distress,
   Or else thou art untrue.

   . . .

   O noble Marquis of Mantua,
   My uncle and liege lord true!

2. *The poem of Valdovinos:* This poem tells the story of Carloto, the son of Charlemagne, who deceptively took the knight Valdovinos to the forest to kill him and then marry his widow. The Marquis of Mantua (Valdovinos's uncle), who was hunting in that forest, heard his pleas and sought justice from the emperor, who sentenced Carloto to death.

3. The farmhand identifies Don Quijote by his real name.

4. *Abindarráez* was the protagonist of *El abencerraje y la hermosa Jarifa,* a Moorish novel published in *Los siete libros de la Diana* (1559) by Jorge de Montemayor. This was the first fully developed pastoral novel to appear in Spain. In the pastoral novel, the characters, who are often real nobles in disguise, dress as shepherds. The theme is generally that of unfulfilled love.

5. Don Quijote affirms that he knows who he is, and that he also can be any one he wants to be. He recognizes his madness, and indicates that he has the will to be sane, if he wishes. The Twelve Peers were legendary knights of Charlemagne's court, such as Roland, Oliver, Gui de Borgogne, Ricarte of Normandy, Reinaldos de Montalbán, and others. The nine "worthies" consisted of three Jews: Joshua, David, and Judas Maccabaeus; three gentiles: Hector, Alexander, and Caesar; and three Christians: Arthur, Charlemagne, and Geoffrey of Bouillon (leader of the First Crusade). Charlemagne (Charles the Great) ranks as one of the most important rulers of the medieval period. He was King of the Franks and Holy Roman Emperor. He was the subject of many legends, such as those found in *The Book of Alexander,* perhaps the most widely read book of adventures during the Middle Ages. The French epic *Chanson de Roland* also commemorates his deeds.

6. Notice how the kind neighbor, in order to spare Don Quijote humiliation, waits for nightfall to bring him into his village. Notice also that Don Quijote comes back in defeat, stretched across a donkey. Riding a donkey was the ultimate humiliation for a knight. It is a paradox that the farmhand

did not place Don Quijote on his horse and his weapons on his donkey; however, for an injured man, the ride on a donkey was soft and close to the ground. The neighbor, of course, does not understand matters of chivalry.

Preguntas

1. Al no poder levantarse, ¿qué hace don Quijote?

2. ¿Qué episodio recuerda don Quijote? ¿Qué hace en su locura?

3. ¿Qué quiso la suerte, cuando don Quijote recitaba los dos últimos versos?

4. ¿Qué hace, y qué dice el vecino?

5. ¿Qué responde el novel caballero?

6. ¿Qué hace luego el caritativo vecino?

7. ¿Qué otro cambio de personalidad ocurre a don Quijote?

8. ¿Cómo reacciona el labrador?

9. ¿Qué le dice finalmente el vecino a don Quijote?

10. ¿Qué replica don Quijote?

11. ¿Qué hace el compasivo vecino para evitar humillación a don Quijote?

12. ¿Cómo entra en su aldea el noble caballero?

EPISODIO 14

Don Quijote entra en su casa.

Llegada, pues, la hora que le pareció adecuada, entró el labrador en la casa de don Quijote, la cual halló toda alborotada.° Estaban en ella el cura y el barbero del lugar, que eran grandes amigos de don Quijote. Su ama les estaba diciendo a voces: —¿Qué le parece a su merced, señor licenciado Pedro Pérez—(que así se llamaba el cura)[1]—de la desgracia de mi señor? Hace tres

alborotada in turmoil

días que no aparecen ni él, ni el rocín, ni la adarga, ni la lanza, ni las armas. ¡Desventurada de mí° que entiendo que estos malditos libros de caballerías que él tiene y suele° leer tan de ordinario le han revuelto el juicio!°

La sobrina de don Quijote decía lo mismo, y aun más: —Sepa, señor maese° Nicolás—(que éste era el nombre del barbero)—que mi señor tío leía estos libros por dos noches y días, al cabo de los cuales arrojaba° el libro de las manos y sacaba su espada y daba cuchilladas° a las paredes; y cuando se cansaba, decía que había muerto a cuatro gigantes. Decía que el sudor° de su cansancio era sangre de las heridas que había recibido en batalla. Luego se bebía un gran jarro° de agua fría² y quedaba sano y sosegado, diciendo que aquella agua era una preciosísima bebida que le había traído el sabio° Esquife,³ un gran encantador° amigo suyo. Mas yo tengo la culpa de todo porque no les avisé a ustedes, para que remediaran° antes de llegar a este punto, y quemaran todos estos descomulgados° libros.⁴

El cura respondió: —Esto digo yo también. Mañana serán condenados al fuego, para que no den ocasión a quien los lea de hacer lo mismo que mi buen amigo ha hecho.⁵

El labrador y don Quijote estaban oyendo todo esto. El labrador acabó de entender entonces la enfermedad de su vecino, y comenzó a decir a voces: —Abran las puertas al señor Valdovinos y al señor marqués de Mantua, que viene malherido,° y al señor Abindarráez, que trae cautivo el valeroso Rodrigo de Narváez, alcalde de Antequera.

Todos corrieron a abrazar° a don Quijote, antes de apearse del jumento, porque no podía. Él dijo entonces: —Vengo malherido, por culpa de mi caballo.⁶ Llévenme a mi lecho, y llámese a la sabia Urganda para que cure mis heridas.°

Lo llevaron luego a la cama y buscaron las heridas sin hallarle ninguna. Él dijo que todo era molimiento,° por haber sufrido una gran caída, con Rocinante, combatiendo contra diez gigantes, los más desaforados° de la tierra.

Le hicieron a don Quijote mil preguntas, y a ninguna quiso responder sino que le dieran de comer y le dejaran dormir, que era lo que más importaba. Se hizo así, y el cura se informó, muy a la larga,° del labrador del modo como había hallado a don Quijote.

El labrador lo contó todo, con los disparates que había dicho al hallarlo. El cura tuvo entonces más deseo de hacer lo que hizo al día siguiente, que fue llamar a su amigo el barbero maese Nicolás, con el cual se vino a casa de don Quijote.

Desventurada de mí Oh, wretched me!
suele is accustomed to
revuelto el juicio scrambled his brains
maese master
arrojaba threw

cuchilladas stabs with a knife

sudor sweat

jarro pitcher, jug

sabio sage, wise man
encantador enchanter
remediaran you could remedy
descomulgados excommunicated

malherido badly wounded

abrazar to embrace

heridas wounds

molimiento grinding
desaforados enormous, terrifying

muy ... larga very much in detail

Notas

1. Pedro Pérez was indeed a parish priest in the village of Esquivías around 1529. Priests and barbers, who were also surgeons, were common folk types in small towns throughout Spain.

2. There was, and still is, in some Spanish-speaking countries, the belief that cold water can cure insanity. Thus, a treatment with cold baths, soakings, or drinking cold water to cool the overheated brain was widely accepted.

3. *el sabio Esquife:* The niece is using a malapropism to refer to Alquife the magician-enchanter, who was the husband of the sorceress Urganda, "the unknown." *Esquife* means "skiff," a light row boat.

4. Books are personalized here as if they were excommunicated people.

5. A list of books forbidden by the Catholic Church was called the Index. Those who read the books on this list could be excommunicated. Heresy was sometimes punishable by excommunication, or even death by burning at the stake. The Holy Inquisition, which was a very large religious police organization, kept track of every detail concerning the individual spiritual lives of Spaniards. In this passage, Cervantes seems to be assailing the Inquisition by means of this burlesque act of burning the library of Don Quijote. The priest and the barber believe that burning the books will cure Don Quijote's mental illness.

6. Notice that Don Quijote blames his horse for his misfortune.

Preguntas

1. ¿Cómo estaba la casa de don Quijote cuando el labrador lo trajo allí? ¿Quiénes estaban allí?

2. ¿Qué le estaba diciendo al cura el ama de llaves de don Quijote?

3. ¿A qué atribuye el ama esta extraña desaparición?

4. ¿Qué le dice la sobrina de don Quijote a maese Nicolás?

5. ¿Qué decía don Quijote del sudor de su cansancio?

6. ¿Qué hacía de seguido don Quijote?

7. ¿Qué hacía don Quijote después de beber el agua fría? Según la nota, ¿qué creencia existía entonces?

8. Según la sobrina y el cura, ¿cómo castigarán a los descomulgados libros?

9. ¿Por qué llaman los libros descomulgados?

10. ¿Cómo y por qué anunció su llegada el labrador?

11. ¿A quién culpa de sus males don Quijote?

12. ¿Tenía alguna herida don Quijote? ¿Cómo justifica su estado?

13. ¿Qué hizo luego don Quijote?

14. ¿Qué hizo entonces el cura?

15. ¿Qué cree usted que harán al día siguiente el cura y el barbero?

EPISODIO 15

Del donoso° y gran escrutinio° que el cura y el barbero hicieron en la biblioteca de nuestro ingenioso hidalgo.

donoso witty
escrutinio careful review

A la mañana siguiente volvieron a la casa de don Quijote el cura y el barbero, cuando don Quijote aún dormía. Pidió el cura a la sobrina las llaves del aposento° donde estaban los libros autores del daño. Entraron todos en el aposento y hallaron más de cien estantes de libros grandes, bien encuadernados.° Cuando el ama vio los libros, salió del aposento, con gran prisa, y regresó luego con una escudilla° de agua bendita y un hisopo,° diciendo: —Tome usted, señor licenciado, rocíe° este aposento, porque puede estar aquí un encantador de esos muchos que tienen estos libros. Y es posible que nos encante.

aposento room

bien encuadernados well bound
escudilla bowl
hisopo hyssop (instrument to sprinkle holy water)
rocíe sprinkle

Causó risa al licenciado la simplicidad del ama, y mandó al barbero que le fuera dando° los libros, uno por uno, para ver de qué trataban. Pues, podía ser que algunos no merecieran el castigo del fuego. La sobrina dijo: —¡No! No hay para qué perdonar a ninguno, porque todos son culpables. Será mejor arrojarlos por las ventanas al patio, y hacer un rimero,° y quemarlos.

le fuera dando to give him

rimero pile, heap

Lo mismo dijo el ama, mas el cura quiso leer por lo menos los títulos de los libros. El primer libro que maese Nicolás le dio fue el *Amadís de Gaula*.[1] Dijo entonces el cura: —Esto es un misterio, porque, según he oído decir, este libro fue el primer libro de caballerías que se imprimió° en España, y todos los

imprimió was printed

demás tomaron origen en éste, y así me parece que como dogmatizador° de una secta tan mala, lo debemos, sin excusa alguna condenar al fuego.

El barbero respondió: —No, señor; también he oído decir que es el mejor de todos los libros de caballerías que se han escrito, y así, como único en su arte, se lo debe perdonar.

El cura concluyó: —Es verdad, y por esa razón se le otorga° la vida por ahora. Ahora, veamos el título de ese otro que está junto al *Amadís*.

Dijo el barbero: —Es las *Sergas° de Esplandián*,[2] el hijo de Amadís de Gaula.

El cura ordenó al ama: —Toma, señora ama, y abre esa ventana y échalo al corral. Que comience° el montón de la hoguera° que se va a hacer.

El ama lo hizo, con mucho contento. Después de los comentarios que hicieron el cura y el barbero, quienes conocían a fondo° estos libros, *Esplandián* fue volando al corral para esperar al fuego. Y así volaron al corral también el *Amadís de Grecia*,[3] el *Don Olivante de Laura*[4] (que era tan grande como un tonel°), *Jardín de Flores*,[5] *Florismarte de Hircania*[6] y otros libros de caballerías.

El barbero entonces preguntó: —¿Qué haremos con estos pequeños libros que quedan?

El cura, abriendo uno, respondió: —Éste es *La Diana*[7] de Jorge de Montemayor, un libro de poesía pastoril, y no merece ser quemado, como los demás, porque no hace ni hará el daño que los libros de caballerías han hecho.

La sobrina exclamó: —¡Ay, señor! Mándelos a quemar, como a los demás; porque no sea que al sanar mi tío de la enfermedad caballeresca, lea éstos y se le antoje° hacerse pastor y andar por los bosques y prados, cantando y tañendo el arpa.° Esto sería peor, porque dicen que hacerse poeta es enfermedad incurable y contagiosa.

El cura entonces replicó: —Es verdad lo que dice esta doncella. Tenemos que evitar tropiezos° a nuestro amigo. Sin embargo, soy del parecer de que no se queme la *Diana*, sino que se quite todos los versos mayores y las partes fantásticas y se quede la buena prosa y la honra de ser el primer libro de ese género.

Y así siguieron volando al corral varios otros libros, hasta que el cura, fijándose en uno en particular, preguntó al barbero que cuál era ese libro. El barbero respondió que era *La Galatea*[8] de Miguel de Cervantes.

Entonces dijo el cura: —He sido gran amigo de ese Cervantes por hace ya muchos años, y sé que él es versado más en desdichas° que en versos. Su libro tiene algo de buena invención: propone algo, y no concluye nada. Es preciso esperar la segunda parte que él promete. Quizá con la enmienda° alcanzará° del todo la misericordia° que ahora se le niega. Mientras tanto, tenlo recluso en tu posada.

El barbero respondió que lo haría con mucho gusto. Luego mostró al cura tres libros más: *La Araucana*, *La Austríada* y *El Monserrate*.[9] El cura dijo que

---

dogmatizador one who sets the norms

otorga grant

sergas exploits

que comience let it begin
hoguera bonfire

a fondo thoroughly

tan ... tonel as fat as a barrel

se le antoje take a notion

tañendo el arpa plucking the harp

tropiezos setbacks

desdichas misfortunes

enmienda additional work
alcanzará he will gain
misericordia mercy, compassion

esos libros eran los mejores escritos en verso heroico en la lengua castellana. Pidió entonces que se guardaran como tesoros de la poesía española.

El cura y el barbero finalmente se cansaron de ver más libros y terminaron decidiendo que todo el resto debía ir al montón de la hoguera.

Notas

1. *Amadís de Gaula* was the most famous medieval book of chivalry. In 1508, a revision of this work was published in Zaragoza by Garci Ordóñez de Montalvo. Cervantes obviously liked this book.

2. *Las Sergas de Esplandián:* Published in 1510, it is the fifth in the *Amadís* series.

3. The *Amadís de Grecia* was published by Feliciano de Silva in 1530, and recounted the deeds of the grandson of Amadís de Gaula. It was the ninth book of the Amadís series.

4. *Don Olivante de Laura* was published in Barcelona about 1564 by Antonio de Torquemada.

5. *Jardín de flores:* This work on the wonders of the natural and supernatural world was translated to English as *The Spanish Mandeville of Miracles* or the *Garden of Curious Flowers,* published in London in 1600.

6. *Florismarte de Hircania,* by Melchior Ortega, was published in Valladolid in 1556.

7. *Los siete libros de la Diana* is by Jorge de Montemayor. This was the first and the best of Spanish pastoral novels.

8. Notice that Cervantes mentions *La Galatea,* (which he published in Alcalá in 1585) in a self deprecatory manner. This was not unusual among authors of the time.

9. The three following books are examples of Spanish epic poetry: *The Araucana* was written by Alonso de Ercilla, and published in Madrid in 1569. It exalted the bravery of the Araucanian Indians of Chile. The *Austríada,* published in Madrid in 1584, praised the life and achievements of don Juan de Austria. The *Monserrate,* by Virués, was published in Madrid in 1588. It gave M.G. Lewis the inspiration for his famous novel *The Monk.*

Preguntas

1. A la mañana siguiente, ¿qué encontraron el cura y el barbero en la biblioteca de don Quijote?

2. ¿Por qué salió del aposento el ama? ¿Qué trajo al volver?

3. Según el ama, ¿cuál era el peligro?

4. ¿Cómo reaccionó el cura? ¿Por qué?

5. ¿A qué labor se dedican el cura y el barbero?

6. ¿Qué harán con los libros que merezcan censura?

7. ¿Cuál fue el primer libro de caballerías? ¿Qué dijo del *Amadís* el cura?

8. ¿Qué respondió el barbero?

9. ¿Cree usted que a Cervantes le gustaba el *Amadís*?

10. ¿Qué otros libros de caballería se critican?

11. ¿Cuál fue la suerte de estos libros?

12. ¿Qué se dice de la *Diana* de Jorge de Montemayor?

13. ¿Qué teme la sobrina?

14. ¿Qué deciden hacer con la *Diana*?

15. ¿Quién escribió *La Galatea*? ¿por qué menciona esto Cervantes?

16. ¿Qué dice el cura de Cervantes?

17. ¿Qué dice el cura de *Galatea*? ¿Qué harán con este libro?

18. ¿Por qué guardarán los tres libros épicos?

19. Cuando el cura y el barbero se cansaron de ver los libros, ¿qué hicieron?

20. ¿Cuál cree Ud. que fue el objeto de Cervantes en este capítulo?

Episodio 16

La segunda salida de don Quijote.

Estando en esto° el cura y el barbero, comenzó a dar voces° don Quijote, diciendo: —Aquí, aquí, valerosos caballeros; aquí es menester° mostrar la fuerza de vuestros brazos; ya que los cortesanos° llevan lo mejor del torneo.°

El cura y el barbero, por acudir° a ese ruido y estruendo,° dejaron el escrutinio del resto de los libros, que al parecer, fueron también al fuego sin ser vistos ni oídos.[1] Cuando llegaron a don Quijote, él ya estaba levantado de la cama, y proseguía° con sus voces y locuras, dando cuchilladas a todas partes. Lo abrazaron y por fuerza lo volvieron al lecho. Cuando se calmó un poco don Quijote, le habló al cura y dijo: —Por cierto, señor arzobispo de Turpín,[2] es una gran mengua° que los que nos llamamos los Doce Pares, nos dejemos vencer por los caballeros cortesanos, habiendo ganado nosotros los tres días anteriores.

El cura respondió: —Calle usted, compadre, que Dios será servido y la suerte se mudará.° Lo que hoy se pierda se ganará mañana. Por ahora usted cuide de su salud, ya que me parece que debe estar cansado, o tal vez malherido.

Don Quijote dijo entonces: —Herido no, pero sí molido y quebrantado. No hay duda de ello, porque el bastardo de Roldán me ha molido a palos con el tronco de una encina, porque ve que soy sólo yo quien se opone a sus valentías.° Mas no me llamaría yo Reinaldos de Montalbán si al levantarme de este lecho no me paga Roldán, a pesar de sus encantamientos.[3] Sin embargo, por ahora, tráiganme ustedes algo de comer, que es lo que más me conviene. Y quédese la venganza a mi cargo.°

Así lo hicieron. Le dieron de comer y don Quijote se durmió otra vez y ellos se quedaron admirados de su locura.

Uno de los remedios que el cura y el barbero dieron era que muraran° y tapiaran° el aposento de los libros de don Quijote, para que cuando él se despertara, no hallara los libros (quizá al quitar la causa cesaría el efecto). Luego le dirían que un encantador se había llevado el aposento y todo. Todo esto se hizo con mucha presteza.°

Dos días más tarde se levantó don Quijote y lo primero que hizo fue ir a ver sus libros, y como no hallaba el aposento, andaba de una parte a otra buscándolo. Llegaba al lugar donde solía estar la puerta y lo tentaba° con las manos, y revolvía los ojos por todos lados, sin decir palabra.[4] Al cabo° de un buen rato, le preguntó a su ama dónde estaba el aposento de sus libros. El ama bien advertida° de lo que debía contestar dijo: —¿Qué aposento, o qué nada° busca usted? Ya no hay aposentos ni libros en esta casa, porque se los llevó el mismo diablo.

Estando en esto While looking at the books
dar voces to shout
menester essential
cortesanos courtiers (nobles in a palace)
llevan ... torneo are winning the tourney
por acudir in order to go to
estruendo clatter
proseguía continued on

gran mengua great loss

la ... mudará luck will change

valentías feats of daring

quédese ... cargo let vengeance be my concern

muraran built a wall
tapiaran closed up

presteza haste

tentaba felt
al cabo at the end

advertida warned
qué nada what else

La sobrina añadió: —No era diablo, sino un encantador que vino sobre una nube° una noche, cuando usted estuvo ausente, y apeándose de una serpiente en la que venía montado,° entró en el aposento y no sé qué hizo allí. Al cabo de unos momentos, salió volando por el tejado,° y dejó la casa llena de humo.° Cuando fuimos a mirar lo que había hecho, no vimos ni aposento ni libros.

—Pero nos acordamos que al partir° aquel mal viejo nos dijo, a voces,° que por enemistad° secreta que tenía al dueño° de esos libros había hecho el daño, que luego se vería,° a esa casa. Dijo además que el sabio se llamaba Muñatón, o Fritón.⁵

Don Quijote dijo que su nombre era Frestón y no Fritón.⁶ Luego explicó que Frestón sabía por sus artes° que don Quijote vendría al mundo a pelear en singular batalla con un caballero favorecido por Frestón. Sabía también que no podría cambiar lo que el cielo había ordenado; por eso procuraba hacerle a don Quijote todos los sinsabores° que podía.

Dijo entonces la sobrina: —¿Quién duda eso? Pero, ¿quién lo mete° a usted en esas pendencias?° ¿No sería mejor vivir pacífico en su casa y no irse así por el mundo? Hay que considerar que muchos van por lana y vuelven trasquilados.°⁷

Don Quijote replicó: —¡Oh, sobrina mía, qué mal estás en estas conclusiones! Antes de que a mí me trasquilen, tendré peladas° y quitadas las barbas° de cuantos se imaginen tocarme en la punta° de un solo cabello.°⁸

No quisieron las dos replicarle más porque vieron que se le encendía la cólera.

Así, pues, don Quijote estuvo en casa quince días, muy sosegado,° sin dar muestras que quería hacer las mismas locuras nuevamente. Estos días los pasó contando graciosísimos cuentos con sus dos compadres, el cura y el barbero.⁹ Les decía que la mayor necesidad que tenía el mundo era de caballeros andantes, y de que él resucitara la caballería andante. El cura algunas veces le contradecía, y otras accedía.° Este artificio era para llevarse bien° con don Quijote.¹⁰

nube cloud

montado riding

tejado roof
humo smoke

al partir upon leaving
a voces shouting
enemistad hatred
dueño owner
que luego se vería that will be evident later

por sus artes through his magic powers

sinsabores troubles

quién lo mete who gets you into
pendencias troubles

vuelven trasquilados return shorn (themselves)

peladas plucked
barbas beards
punta tip
cabello hair

sosegado relaxed

accedía gave in
llevarse bien get along well

Notas

1. . . . *sin ser vistos ni oídos:* Notice that Cervantes seems to be satirizing the indiscriminate actions of the Index, which censored or prohibited the reading of certain books (See Ch. 14, Note 5).

2. John of Turpin was a monk in the church of Saint-Denis. Later he became the Archbishop of Rheims. It is claimed that he served as Charlemagne's

personal chaplain. He is the author of *Fables* (1527), and the *Chronicle of Charlemagne* has been attributed to him. The Archbishop was famous for his great lies, and the name Turpin today is synonymous with "liar."

3. Don Quijote, in his delirium, thinks that he is Reinaldos, and believes that Roland is envious of him because of his valor. Reinaldos and Roland were rivals for the favors of Angelica, their lady (See Ch. 2, Note 10; Ch. 13, Notes 2 and 5).

4. Rolling eyes were thought of as a symptom of insanity. Cervantes makes a similar portrayal of insanity in subsequent chapters in the persons of Cardenio and Luscinda.

5. Notice that Don Quijote's niece was also a reader of books of chivalry. It is also noteworthy that the niece, the barber, and the priest are now participating in Don Quijote's fantasies, albeit to humor him and help him recover his sanity. This contrast and interplay of reality and fantasy becomes a dominant motif in the novel.

6. *Frestón* was a magician in books of chivalry. *Fritón* (well fried) is a pun on his name.

7. This saying is equivalent to "To go for wool and come back shorn."

8. Don Quijote mentions his beard in reference to *mesar la barba* (to pluck one's beard), which was one of the greatest insults in medieval Spain.

9. *pasó contando graciosísimos cuentos:* Notice Cervantes's love of story telling. This was indeed his great talent.

10. Don Quijote wants to rekindle knight errantry.

Preguntas

1. ¿Dónde creía que estaba don Quijote? ¿Qué hacía?

2. ¿Quién cree que es ahora don Quijote, y quién cree que es el cura?

3. ¿Cómo llama el cura a don Quijote? ¿Qué deberá hacer don Quijote?

4. ¿Cuál es la nueva identidad de don Quijote? ¿Qué quiere don Quijote? ¿Qué hace después de comer?

5. ¿Cuál fue uno de los remedios que dieron el cura y el barbero, para que sanara don Quijote?

6. Dos días más tarde, cuando despertó don Quijote, ¿qué hizo? ¿Cómo interpreta Ud. esto?

7. Cuando don Quijote preguntó dónde estaba el aposento de sus libros, ¿qué contestó la sobrina? ¿Qué muestra esta explicación de la sobrina?

8. ¿Qué explicó don Quijote?

9. ¿Qué aconseja la sobrina a don Quijote?

10. ¿Qué hará don Quijote?

11. ¿Cómo pasó don Quijote los quince días que estuvo en su casa?

12. ¿Cómo reaccionaba el cura? ¿Por qué?

EPISODIO 17

Don Quijote consigue° un escudero.

consigue obtains

En ese tiempo pidió don Quijote a un vecino suyo, quien era un hombre de bien,° pobre, pero de muy poca sal en la mollera,°1 que le sirviera como escudero. En resolución,° tanto le dijo, tanto le persuadió y prometió, que el pobre villano° se determinó salir con él. Don Quijote le decía, entre otras cosas, que tal vez podía ocurrir alguna aventura en la que ganara alguna ínsula,° y entonces lo haría su gobernador.° Con éstas y otras promesas, Sancho Panza (que así se llamaba el labrador) dejó a su mujer e hijos para ser escudero de su vecino.2

hombre de bien good man
sal ... mollera brains
en resolución finally
villano common person

ínsula island
gobernador governor

Luego, don Quijote se dio° en buscar dineros. Vendió unas cosas, empeñó° otras y malbarató° todas. Juntó así una cantidad razonable. Asimismo, obtuvo una rodela,° que pidió prestada° a un amigo. Compuso su celada rota lo mejor que pudo, y avisó a su escudero Sancho del día y la hora que pensaba ponerse en camino, para que Sancho se proveyera de° lo necesario; sobre todo, le encargó que llevara alforjas.° Sancho le dijo que sí pensaba hacerlo.

se dio set out
empeñó he pawned
malbarató undersold
rodela shield
pidió prestada he borrowed

proveyera de to stock up on

alforjas saddle bags

Dijo además Sancho que llevaría un muy buen asno° que tenía, porque él no estaba ducho° a andar a pie. En lo del asno meditó un poco don Quijote, tratando de recordar si algún caballero andante había traído un escudero en asno. No recordó a ninguno. Entonces prometió don Quijote a Sancho quitar su caballo al primer descortés caballero que encontrara.

asno ass, donkey
ducho good at

. . . continuaron su camino por los campos de la Mancha.

Don Quijote se proveyó de camisas y de las demás cosas que pudo, conforme al consejo que el ventero le había dado y se preparó a salir.

Una vez hechos los preparativos, sin despedirse° Sancho de su mujer y de sus hijos, ni don Quijote de su ama y de su sobrina, una noche se salieron del lugar sin que los viera persona alguna. Caminaron tanto que al amanecer se tuvieron por seguros de que no los hallarían aunque los buscaran.

despedirse saying goodbye

Iba Sancho como un patriarca sobre su jumento,[3] con sus alforjas y bota,° con muchos deseos de verse gobernador de la ínsula que su amo le había prometido. Dijo Sancho: —Mire vuestra merced, señor caballero andante, que no se le olvide lo de la ínsula que me tiene prometido. Yo la sabré gobernar, por grande que sea.

bota wine bag

Don Quijote respondió: —Has de saber, amigo Sancho Panza, que fue costumbre muy usada de los caballeros andantes antiguos hacer gobernadores a sus escuderos de las ínsulas o reinos° que ganaban. Y yo tengo determinado que por mí no falte tan agradecida costumbre.°

reinos kingdoms

agradecida costumbre such a pleasant custom

Sancho replicó: —De esa manera, si yo fuera rey, Juana Gutiérrez,[4] mi mujer, sería reina, y mis hijos, infantes.°

infantes princes and princesses

Don Quijote respondió: —¿Quién lo duda?

Sancho replicó: —Yo lo dudo, porque Mari Gutiérrez no vale dos maravedís para reina; le caerá mejor° el título de condesa.

le caerá mejor will suit her better

Don Quijote le aconsejó: —Encomienda esto a Dios, Sancho, porque Él te dará lo que más le convenga;° pero no apoques tu ánimo° tanto que te contentes con menos de ser gobernador.

convenga suits

no ... ánimo don't lower your ambition

Sancho comentó: —No lo haré, señor mío, y aun más teniendo un amo tan principal como vuestra merced, que me sabrá dar todo lo que sea bueno para mí.

En esta conversación continuaron su camino por los campos de la Mancha.

Notas

1. . . . *sal en la mollera:* A reference to the ritual, in Catholic baptism, of placing a pinch of salt on the crown, or top of the head (*mollera*), or on the lips of the infant being baptized. Today, this has been discontinued and the priest simply puts water on the infant's head. The use of salt followed the teachings of the gospel: "He is the salt of the earth and the light of the world."

Salt is one of the main seasonings of the world. Folk tradition coined sayings that asserted that a well salted person at Baptism would be smart. Likewise, one with not much salt on his crown would be dim-witted.

2. Christ exhorts his disciples to leave their wives and children and follow him (See Matthew 19:29).

3. . . . *patriarca:* Patriarchs, in Biblical times, indeed rode the comfortable and sure-footed donkey.

4. Sancho, subsequently, will call his wife by several names: Mari Gutiérrez, Juana Gutiérrez, Juana Panza, and Teresa Panza.

Preguntas

1. ¿A quién convenció don Quijote que fuera su escudero? ¿Cómo lo hizo?

2. ¿Cómo se preparó don Quijote para su segunda salida?

3. ¿De qué deberá proveerse Sancho?

4. ¿Por qué quería ir en asno Sancho? ¿Por qué no acepta inmediatamente esto don Quijote?

5. ¿Qué hicieron luego caballero y escudero? ¿Cuándo salieron?

6. ¿Cómo iba Sancho?

7. ¿Qué dice sobre la ínsula don Quijote?

8. ¿Qué concluye Sancho?

9. ¿Qué duda tiene Sancho?

10. ¿Qué le aconseja don Quijote a Sancho?

11. ¿Dónde estaban los dos?

Episodio 18

La espantable° y jamás imaginada aventura de los molinos de viento.°1

espantable frightening

molinos de viento windmills

Don Quijote y Sancho conversaban cuando vieron a la distancia treinta o cuarenta molinos de viento. Dijo entonces don Quijote a su escudero: —La aventura está guiando° nuestros pasos° mejor de lo que podamos desear; porque allí, Sancho amigo, se descubren treinta o más desaforados° gigantes, a quienes pienso dar batalla y quitarles a todos la vida. Comenzaremos a enriquecernos° con los despojos° suyos. Esta es buena guerra y es gran servicio de Dios quitar de la faz de la tierra° tan mala simiente.°

guiando guiding
pasos steps
desaforados enormous

enriquecernos enrich ourselves
despojos spoils
faz de la tierra face of the earth
mala simiente bad seed

Sancho respondió: —¿Qué gigantes?2

Don Quijote aseguró: —Aquéllos que allí ves, los de los brazos largos. Algunos suelen tener brazos de casi dos leguas.3

Sancho dijo entonces: —Mire su merced que aquéllos no son gigantes, sino molinos de viento. Lo que parece ser brazos son las aspas° que, sopladas° por el viento, hacen rodar° la piedra del molino.°

aspas sails
sopladas blown
hacen rodar turn
la ... molino mill stone

Don Quijote respondió: —Bien se ve que no sabes de aventuras. Ellos son gigantes; y si tienes miedo, quítate de ahí° y comienza a rezar,° porque yo voy a entrar en fiera y desigual° batalla contra ellos.

quítate de ahí move out of the way
comienza a rezar begin praying
fiera y desigual fierce and uneven

Diciendo esto espoleó° a Rocinante, sin atender° a las voces de advertencia° que le daba Sancho: que eran molinos de viento y no gigantes. Pero don Quijote estaba tan convencido que eran gigantes que ni oía las voces de Sancho, ni veía (aunque estaba muy cerca) que eran molinos. Por el contrario, estaba diciendo: —Non fuyades,° cobardes y viles criaturas. Es solamente un caballero quien los acomete.°

espoleó spurred
atender paying attention
voces de advertencia cries of warning
fuyades flee (archaic)
acomete to engage in a fight

En eso sopló un poco de viento° y las grandes aspas comenzaron a moverse. Al verlo don Quijote dijo: —Aunque muevas más brazos que los del gigante Briareo,4 tendrás que pagarme.

En ... viento At this time a bit of wind blew

Y diciendo esto, y encomendándose° de todo corazón a su señora Dulcinea, bien cubierto de su rodela, y la lanza al ristre,° arremetió° a todo galope de Rocinante y embistió° al primer molino que estaba delante. Le dio una lanzada° al aspa, la cual, violentamente movida por una ráfaga° de viento, hizo pedazos la lanza y se llevó consigo° al caballo y al caballero. Don Quijote fue rodando° por el campo muy maltrecho.° Sancho acudió a socorrerlo° a todo correr° de su asno. Cuando llegó a él, vio que no se podía mover. Sancho dijo: —¡Válgame Dios!° ¿No le dije a vuestra merced que mirara bien lo que hacía, y que no eran sino molinos de viento, y que no podía ignorarlo sino quien llevara otros tales° en su cabeza?5

encomendándose commending himself
al ristre at the ready
arremetió he attached
embistió charged
lanzada thrust of a lance
ráfaga gust
se ... consigo took with it
fue rodando tumbled
maltrecho battered
socorrerlo help him
a todo correr at full speed (donkeys don't gallop like horses)
¡Válgame Dios! For heaven's sake!
otros tales others like them

Don Quijote respondió: —Calla, amigo Sancho. Las cosas de la guerra están sujetas a cambios continuos. Debes saber que Frestón, el sabio que me robó el

—¿No le dije a vuestra merced que mirara bien lo que hacía, y que no eran sino molinos de viento . . . ?

aposento y los libros, ha convertido a estos gigantes en molinos, para quitarme la gloria de la victoria. Pero al fin° podrá más mi espada que sus malas artes.°

Sancho lo ayudó entonces a levantarse y subir sobre Rocinante, el que estaba también medio despaldado.° Don Quijote dijo que deberían ir a Puerto Lápice,⁶ donde hallarían más aventuras.

Pero al fin But in the end
malas artes bad sorcery

medio despaldado nearly had his shoulder broken

Notas

1. Don Quijote's encounter with the windmills is perhaps one of the best-known episodes of Cervantes's novel. La Mancha is an arid, wind-swept plateau. Windmills functioned very well in this area, and the trade of milling was very lucrative.

2. Sancho sees the reality of the situation. Later he will gradually become as crazy as Don Quijote. Critics speak of this character change as the "*Quijotización de Sancho.*" We will later see the "*Sanchificación de don Quijote.*"

3. *legua:* A league was a measure of distance varying for different times and countries from about 2.4 to 4.6 miles (3.9 to 7.4 kilometers).

4. *Briareo:* A mythological giant who had a hundred arms and fifty stomachs. He was one of the Titans who fought the gods of Mount Olympus. He and the other Titans were buried under Mount Aetna, whose explosions were believed to be the moans and groans of the buried giants.

5. Sancho states clearly that the wind is propelling Don Quijote's brain. Thus, in a roundabout way, Sancho is saying that his master is crazy.

6. *Puerto Lápice* is a town situated 25 kilometers (15.25 miles) west of Alcázar de San Juan, on the main highway between Madrid and Córdoba. *Puertos secos* (dry ports), as opposed to sea ports, were places located on land, on the boundary line of two kingdoms. At these "dry ports" customs houses were set up, all merchandise was registered, and duties or road tolls were collected.

Preguntas

1. ¿Qué cree don Quijote que son los treinta o cuarenta molinos de viento?

2. ¿Qué piensa hacer don Quijote con los gigantes?

3. ¿Cómo ve Sancho a los gigantes de don Quijote? ¿Qué explica?

4. ¿Qué hizo don Quijote?

5. ¿Qué sucedió luego?

6. ¿Cuál fue el resultado de esta arremetida de don Quijote?

7. ¿Qué hace y qué dice Sancho?

8. ¿A quién culpa don Quijote?

9. ¿Cómo termina el capítulo?

EPISODIO 19

Don Quijote ataca a dos encantadores quienes traían prisionera a alguna princesa.

Don Quijote y Sancho iban, camino a° Puerto Lápice, cuando Sancho dijo que ya era la hora de comer. Su amo respondió que aún no tenía hambre, empero que° Sancho comiera cuando se le antojara. Con esta licencia, se acomodó° Sancho lo mejor que pudo sobre su jumento, y sacando de las alforjas lo que en ellas había puesto, iba caminando y comiendo detrás de su amo muy a su gusto.° De cuando en cuando empinaba° la bota con tanto gusto que le pudiera envidiar el más regalado bodeguero° de Málaga.[1]

Aquella noche la pasaron° entre unos árboles, y don Quijote desgajó° de uno de ellos una rama seca° que casi le podía servir de lanza. Puso entonces en ella el hierro° que quitó de la lanza que se le había quebrado.° Toda aquella noche no durmió don Quijote pensando en su señora Dulcinea. No la pasó así° Sancho, porque como tenía el estómago lleno de vino, durmió toda la noche.

Al despuntar el alba,° no lo podían despertar ni los rayos del sol, ni el canto de las aves.° Finalmente, al levantarse dio un tiento° a su bota y la halló algo más flaca que la noche anterior[2] y se le afligió el corazón° porque no podría remediar pronto la falta del vino. Don Quijote no quiso desayunarse porque decía que se sustentaba° de sabrosas° memorias. Siguieron su camino, y a las tres de la tarde pudieron ver ya el Puerto Lápice, y don Quijote dijo: —Amigo Sancho, aquí podremos meter las manos hasta los codos° en aventuras; mas, advierte° que aunque yo me vea en los mayores peligros del mundo, no deberás sacar° tu espada para defenderme si los que me atacan son caballeros.

camino a heading towards

empero que but that
se acomodó made himself comfortable

muy ... gusto much to his own delight
empinaba he raised
más ... bodeguero most comfortable wine dealer
Aquella ... pasaron They spent that night
desgajó broke off
rama seca dry branch
el hierro the tip
quebrado broken
No ... así Didn't spend it the same way
despuntar el alba at daybreak
aves birds
dio un tiento felt with his hand
afligió el corazón his heart was distressed
se sustentaba he nourished himself
sabrosas tasty
meter ... codos get in up to our necks (elbows)
advierte be warned
sacar take out

No es lícito° que lo hagas según las leyes° de caballería, sino hasta que seas armado caballero. Si me ataca gente baja,° sí podrás ayudarme.

Sancho respondió: —Señor, por cierto° será vuestra merced obedecido. Aunque yo soy pacífico y enemigo de meterme° en ruidos y pendencias.° Sin embargo, en lo que toca a° defender a mi persona, no tendré mucha cuenta° a esas leyes, porque las leyes divinas y humanas permiten defenderse a cada uno.

Estando en esta conversación, se asomaron° por el camino dos frailes° de la orden de San Benito, los que iban sobre dos dromedarios, porque las mulas en que venían no eran más pequeñas. Llevaban puestos anteojos de camino° y traían quitasoles.³ Venía detrás de ellos un coche, con cuatro o cinco personas a caballo° que lo acompañaban, y dos mozos de mulas a pie. Venía en el coche, como después se supo, una señora vizcaína,° que iba a Sevilla, donde estaba su marido. Éste iba a América con un cargo muy honroso.° Los frailes no viajaban con ella, aunque iban por el mismo camino. Apenas° los vio don Quijote dijo: —¡O yo me engaño, o ésta será la más famosa aventura que yo haya visto! Aquellos bultos negros° que allí están deben ser encantadores que llevan secuestrada° a alguna princesa⁴ en aquel coche. Es menester que yo deshaga ese tuerto° con todo mi poderío.°

Sancho musitó:° —Esto va a resultar peor que los molinos de viento. Mire, señor, esos son frailes benedictinos, y el coche debe ser de alguna gente pasajera.° ¡Mire bien lo que hace! ¡El diablo puede engañarlo!°

Don Quijote respondió: —Sancho, ya te he dicho que sabes muy poco de los detalles de las aventuras. ¡Lo que te digo es verdad y ahora lo verás!

Y diciendo esto se adelantó° y se puso en medio del camino por donde los frailes venían. Se llegó° entonces cerca de ellos y les dijo en voz alta: —¡Gente endiablada,° dejen libres al punto° a las altas° princesas que llevan secuestradas! ¡Si no, prepárense a recibir presta° muerte como castigo° por sus malas obras!

Los dos frailes detuvieron las riendas° y quedaron admirados, tanto de la figura de don Quijote como° de lo que decía. Entonces respondieron: —Señor caballero, nosotros no somos endiablados, sino dos religiosos benedictinos que seguimos nuestro camino. No sabemos ni quien viene en ese coche, ni de ninguna princesa secuestrada.

Don Quijote dijo: —¡Para mí no hay palabras blandas!° ¡Yo ya los conozco, canallas!

Y sin esperar respuesta, picó° a Rocinante y, con la lanza baja, arremetió contra el primer fraile con tanta furia que, si el fraile no se deslizara° de la mula, don Quijote lo tumbara,° o lo matara.°

El segundo religioso, cuando vio cómo trataban a su compañero, metió espuelas° al castillo° de mula, y corrió por aquel campo más rápido que el viento.

No es lícito It isn't legal
leyes laws
gente baja low class people
por cierto certainly

meterme getting into
pendencias troubles
en ... toca a in that which pertains to
no ... cuenta I will not pay much attention
se asomaron appeared
frailes friars
anteojos de camino road glasses (to protect from sun and dust)
a caballo on horseback

vizcaína from Vizcaya (the Basque country)
un cargo muy honroso a very honored position
Apenas As soon as

bultos negros black shadowy objects
secuestrada as a hostage
deshaga ese tuerto undo that wrong
poderío might
musitó mused

gente pasajera travelers
engañarlo deceive you

se adelantó rode in front of Sancho
Se llegó He came near
endiablada possessed by the devil
al punto right now
altas noble
presta quick
castigo punishment
detuvieron las riendas pulled on the reins to stop the mules
admirados tanto ... como ... surprised as much by ... as by ...

blandas soft, gentle

picó spurred

deslizara slid down
tumbara would have knocked down
matara would have killed

metió espuelas spurred on
castillo the castle (the mule was as protective as a castle)

. . . picó a Rocinante y, con la lanza baja, arremetió contra el primer fraile.

Cuando Sancho Panza vio al fraile en el suelo,° apeándose rápidamente de su asno, arremetió contra él y comenzó a desplumarlo° de su hábito.°5 Entonces llegaron dos mozos que viajaban con los curas y le preguntaron a Sancho por qué lo desnudaba.° Sancho respondió que eso le tocaba legítimamente° a él como despojo de la batalla de don Quijote.

Los mozos no entendieron ni de despojos ni de batallas. Entonces arremetieron contra Sancho pelándole° todas las barbas,6 y luego moliéndole a coces.° Sancho quedó en el suelo, sin aliento° y sin sentido.°

El fraile, cuando vio esto, subió presto a su gran mula, todo temeroso,° acobardado,° y sin color, y picó tras° su compañero, que a buen espacio de allí° lo estaba esperando. Una vez juntos, siguieron su camino, haciéndose más cruces° que si llevaran el diablo a las espaldas.°7 Don Quijote se volvió al coche de las dos señoras y cortésmente les mandó presentarse ante su señora Dulcinea para que le den cuenta° del valor de su brazo. Un escudero de las señoras, que era vizcaíno,8 al ver detenido el coche, en mala lengua española, y peor vasca, le dijo a don Quijote: —Anda, caballero que mal andes. ¡Por el Dios que crióme, que si no dejas el coche, así matas, como estás ahí vizcaíno!9

Don Quijote lo entendió bien,10 y sacando su espada, arremetió contra el vizcaíno. Los dos se trabaron en sangrienta lucha.° Finalmente terminó la contienda con don Quijote el vencedor, pero menos media oreja. El vizcaíno cayó de su mula al suelo ensangrentado y medio muerto, ante la consternación de las señoras del coche.

Y aquí termina la historia de don Quijote, porque el autor no halló más escrito. El segundo autor11 no quiso que tan sabrosa historia fuera olvidada. Y así se dedicó a hallar el fin de esta historia. Y siéndole el cielo favorable, la halló del modo que se contará en la segunda parte.

suelo ground

desplumarlo to pluck him
hábito religious garments

desnudaba was undressing
le ... legítimamente was legally his

pelándole plucking

moliéndole a coces mauling him with kicks
aliento breath
sin sentido senseless
temeroso fearful
acobardado cowardly
tras after
a ... allí at a good distance
cruces signs of the cross
espaldas back
le den cuenta give her an account

se ... lucha they went at each other in a bloody fight

Notas

1. *bodeguero de Málaga:* Málaga was an ancient seaport and is the present capital of the province of the same name. In Cervantes's time Málaga was also called *Villaviciosa* or "village of vice." The wines of Málaga were and are among Spain's very finest.

2. Who drank Sancho's wine? Perhaps Don Quijote?

3. *orden de San Benito:* The Benedictine order of monks was founded by Saint Benito of Nurcia (480–543). The order had strict rules of virtue

and work. One of the important tasks of the Benedictine monks was to copy ancient manuscripts. In this episode, the two monks rode for comfort on very large mules (as big as dromedaries . . . or castles), and wore the protective highway masks of the time, which had large rounded eyeglasses. These masks guarded the wearer's face against the sun and the dust. The sight of these two enormous figures, ten feet tall, in black, with two enormous gleaming eyes, must have indeed been frightening. Don Quijote, as expected, imagines the worst. He calls them *gente endiablada* (satanic individuals).

The Benedictine monks had and have the reputation of being self-indulgent. Cervantes succeeds in satirizing this characteristic of the Benedictines. Anticlerical satire was very common during Cervantes's time. This was the era of the Reformation (first half of the sixteenth century) and Counterreformation (second half of the sixteenth century).

4. The kidnapping of fair maidens was a common theme in the books of chivalry (See, for example, Boyardo's *Orlando*).

5. Sancho is becoming as crazy as his master (*Quijotización de Sancho*). He understands that, according to the rules of chivalry, the spoils of war are his; nonetheless, he becomes aware that he has committed a sacrilege by physically abusing a holy man. He has also committed a second sacrilege by stealing religious property (the holy habit of the priest).

6. This is a hyperbole, of course. All of Sancho's beard was not plucked. Plucking the beard (*mesar la barba*) was a great insult at this time and an affront to one's manliness.

7. The second priest acts cowardly by running away and not helping the first priest. Again, Cervantes seems to be commenting on the nature of the priests of his time. He, obviously, is very cautious in his anticlerical satire.

8. *vizcaíno:* a Basque or Biscayan, from the province of Biscay. There are three provinces in the Basque country: Guipúzcoa to the east, Álava to the south, and Vizcaya to the west. The Cantabrian Sea lies to the north.

The capital of the Basque provinces is Bilbao. The Basques and their language, Basque (which is not related to any known language), were frequently satirized in Cervantes's day. It was sometimes said that if speakers changed the first-person subject pronoun (*yo*) and the verb to second person (*tú*), they were speaking with a Basque accent.

9. "Go away; good riddance, gentleman. By the God that made me, if you no leave coach I kill you or I no Basque."

10. Is Don Quijote so crazy that he can understand this garble?

11. *El segundo autor* is Cervantes himself. Cervantes, here, alludes to another person (the Arab Cide Hamete Benengeli) who, he claims, was the original author of the novel. This is explained more fully in the next chapter.

Preguntas

1. ¿Qué hizo Sancho a la hora de comer? ¿Cómo lo caracteriza Cervantes?

2. ¿Qué hizo aquella noche don Quijote? ¿En quién pensó?

3. ¿Cómo pasó esa noche Sancho?

4. Al despertar Sancho, ¿qué hizo? En cuanto al vino, ¿qué se implica?

5. Según las leyes de caballería, ¿qué advirtió don Quijote a Sancho?

6. ¿Quienes se asomaron por el camino?

7. ¿Qué vio en los dos frailes don Quijote? ¿Qué hará don Quijote?

8. ¿Qué pensó Sancho el realista? ¿Qué advirtió a su amo?

9. A pesar de que Sancho le advirtió a don Quijote que eran frailes, con toda la implicación de esto, ¿qué hizo don Quijote?

10. ¿Qué respondieron los admirados frailes?

11. ¿Aceptó sus razones don Quijote? ¿Qué hizo?

12. ¿Qué hizo el segundo fraile?

13. ¿Qué hizo luego Sancho? ¿Está de acuerdo esta acción con la advertencia que hizo Sancho a don Quijote?

14. ¿Qué hicieron los dos mozos de los curas?

15. ¿Qué hizo el fraile al ver el ataque de sus mozos a Sancho?

16. ¿Qué hizo un escudero vizcaíno, al ver que don Quijote no permitía pasar al coche?

17. ¿Qué hizo entonces don Quijote?

18. ¿Qué herida sufrió don Quijote en esta batalla?

19. ¿Por qué termina aquí la historia de don Quijote?

20. ¿Quién fue el segundo autor?

Segunda Parte

EPISODIO

El autor encuentra el resto de la historia de don Quijote.

Estando yo un día en el Alcaná de Toledo,[1] llegó un muchacho a vender unos cartapacios° viejos a un sedero.° Como soy tan aficionado° a leer, aunque sean los papeles rotos° en las calles, tomé un cartapacio y vi que estaba escrito en árabe.°[2] Busqué entonces a un morisco aljamiado,° porque había muchos allí, y diciéndole mi deseo, le puse el libro en las manos.[3] Él lo abrió por medio, leyó un poco, y comenzó a reírse.

    Le pregunté yo por qué se reía, y me respondió que el libro tenía una nota escrita al margen. Le pedí que me la dijera, y él, sin dejar de reírse, me dijo: — Está aquí en el margen esto: "Esta Dulcinea del Toboso, tantas veces mencionada en esta historia, dicen que tenía mejor mano que cualquier otra mujer en toda la Mancha para salar puercos.°[4]

    Cuando yo oí decir "Dulcinea del Toboso," quedé atónito° y suspenso,° porque me di cuenta° de que aquellos cartapacios contenían la historia de don Quijote. Le di prisa° entonces a que leyera el principio° y lo leyó: *Historia de don Quijote de la Mancha, escrita por Cide Hamete Benengeli,*[5] *historiador arábigo.°*

    Me costó° mucho disimular° mi contento cuando llegó a mis oídos el título del libro. Le compré entonces todos los papeles y cartapacios al muchacho por medio real.[6] Fui luego con el morisco por el claustro° de la iglesia mayor° y le rogué° que los tradujera al castellano, ofreciéndole el pago que quisiera. Él se contentó con dos arrobas° de pasas° y dos fanegas° de trigo.[7] Yo lo llevé a mi casa y en poco más de mes y medio lo tradujo todo.

cartapacios portfolios, notebooks
sedero silk merchant
aficionado fond of
rotos torn
árabe Arabic
morisco aljamiado Spanish-speaking Moor

salar puercos to salt pork

atónito astonished
suspenso enthralled, in suspense
me di cuenta I realized
Le di prisa I rushed him
el principio the beginning

arábigo Arabic

Me costó It was difficult for me
disimular to conceal
claustro cloister
iglesia mayor main church
le rogué I begged him
arroba measure equal to 25 pounds
pasas raisins
fanega 1.5 bushels

En el primer cartapacio estaba pintada°[8] la batalla de don Quijote con el vizcaíno, puestos en la misma postura° que cuenta° la historia, con las espadas levantadas, y el uno cubierto con la rodela y el otro con una almohada. A los pies del vizcaíno estaba escrito *Don Sancho de Azpetia,* que sin duda debía ser su nombre. A los pies de Rocinante estaba otro rótulo° que decía: *Don Quijote.* Rocinante estaba maravillosamente pintado, largo y flaco, con mucho espinazo,° y hético confirmado.° Junto a Rocinante estaba Sancho Panza, que tenía del cabestro° a su asno.

A sus pies estaba escrito *Sancho Zancas,* y debía ser porque, a lo que mostraba la pintura, tenía la barriga° grande, el talle corto° y las zancas° largas. Sería por eso que se le puso el nombre de Panza y Zancas.[9] Había otras menudencias° en la pintura, pero son de poca importancia.[10]

pintada painted

postura position
cuenta narrates, tells

rótulo title, label

con ... espinazo with much of his backbone protruding
hético confirmado confirmed case of tuberculosis
cabestro halter
barriga belly
talle corto short waist
zancas long (stilt-like) legs
menudencias small details

Notas

1. *Alcaná de Toledo:* Alcaná, from Arabic, means "shops of merchants." The shopping district was originally located on the north side of the cathedral of Toledo. The old cathedral was used as a mosque during the Arab occupation (711–1492).

2. Cervantes enters the book, and talks directly to the reader. He informs the reader that he loved to read everything.

3. *morisco aljamiado:* A Moor who spoke Spanish. *Aljamía* was the Spanish spoken by the Moors. *Algarabía* was the Arabic spoken by Christians.

4. *. . . la mejor mano para salar puercos:* Dulcinea is depicted as totally earthy: "She had the best hand for salting pork." Sancho, the realist, saw her that way. But her talent would have been repulsive to the Moor because, under Islamic law, it was and is forbidden to eat pork.

5. *Cide Hamete Benengeli:* The name is a humorous take by Cervantes. *Cide* or *Cid* means "sir," *Hamete* or *Hamil* is a common Arabic first name. *Benengeli* means "like egg plant." Cervantes might have used the Cide Hamete Benengeli device: 1) To protect himself from the critics by saying that he merely transcribes someone else's narrative (i.e., to avoid any criticism about what he wrote). 2) To make the story seem more real. (The devise of Cide Hamete serves as a realistic frame for the narrative.) 3) To give the impression that perhaps Don Quijote did live and experience the adventures described in the novel. 4) To add a new level or degree of complexity to the narrative. This is one of the novel's baroque elements.

6. *medio real:* was a coin equivalent to 17 *maravedís.*

7. *dos arrobas de pasas:* (about 50 pounds). Islamic law forbade drinking wine; therefore, Moors compensated by consuming great quantities of grapes and raisins. Two *fanegas* were about three bushels.

8. It is interesting to note that one art (painting) here enters into another art (literature).

9. The description of Sancho must be taken seriously because it is made by Cervantes himself, his creator. Cervantes wanted Sancho to have long, thin legs and a paunch (pot belly). It is curious that artists have always depicted him as short and fat.

10. Cervantes overlooked the fact that the graphic or architectural representation of human or animal figures is prohibited by Islamic law. It was therefore impossible that an Arabic historian could have illustrated the cover.

Preguntas

1. ¿Cómo encontró Cervantes el resto de la historia de don Quijote?

2. ¿Qué pasó cuando un traductor árabe comenzó a leerle el manuscrito?

3. ¿Qué hizo luego Cervantes?

4. En este caso entra un arte en otro, la pintura en la literatura. Describa la pintura en el primer cartapacio.

5. Según la nota, ¿qué propósito podría tener Cervantes al introducir a Cide Hamete Benengeli en la novela?

*Los yangüenses recogieron sus estacas y empezaron a menudear en aquéllos
con gran ahínco y vehemencia.*

Tercera Parte

La desgraciada° aventura de los desalmados° yangüenses.[1]

desgraciada unfortunate
desalmados pitiless

Cuenta el sabio Cide Hamete Benengeli que después de la batalla contra el vizcaíno y el episodio de los curas, don Quijote y Sancho siguieron su camino en busca de aventuras. Era ya la tarde cuando se encontraron en un prado° lleno de yerba fresca° junto al cual corría un arroyo apacible° y fresco. A don Quijote y Sancho les gustó tanto el lugar que decidieron hacer la siesta allí, porque ya era esa hora.

prado meadow

yerba fresca fresh grass
arroyo apacible peaceful brook

Sancho dejó suelto° a Rocinante porque sabía que era tan manso° y tan poco rijoso,° que todas las yeguas° de Córdoba[2] no lo antojarían.° La suerte, y el diablo, que pocas veces duerme, determinaron que en ese momento estuvieran en ese prado una manada° de yeguas de unos arrieros yangüenses.

dejó suelto let loose
manso tame
rijoso given to sexual pleasures
yeguas mares
antojarían would entice
manada herd

Sucedió entonces que a Rocinante le vino el deseo de refocilarse° con las señoras yeguas. Así como las olió,° salió, sin pedir permiso a don Quijote, con un trotecillo algo picadillo° y fue a comunicar su necesidad con ellas. Mas ellas, que, a lo que pareció,° debían tener más ganas de pacer° que de otra cosa, lo recibieron con las herraduras° y con los dientes, de tal manera que en poco tiempo le rompieron las cinchas° y quedó sin montura,° en pelota.°

refocilarse to enjoy himself
olió smelled
trotecillo ... picadillo little, mincing steps
a lo que pareció as it appeared
pacer graze
herraduras horse shoes
cinchas girths
montura saddle
en pelota in the nude, unsaddled

Pero lo peor fue que los arrieros, viendo la fuerza° que se hacía a sus yeguas, acudieron,° y le dieron tantos palos° que lo derribaron malparado° en el suelo. Don Quijote y Sancho, viendo la paliza que los arrieros daban a Rocinante, se llegaron jadeantes.° Don Quijote dijo entonces: —Por lo que veo, amigo Sancho, éstos no son caballeros sino gente soez° y de baja ralea.° Lo digo porque bien me puedes ayudar a tomar la debida venganza del agravio que delante de nuestros ojos se le ha hecho a Rocinante.

fuerza the forcing, raping
acudieron came to their aid
dieron ... palos clubbed him
lo derribaron malparado they knocked him down, mauled
paliza beating
jadeantes panting
soez low, vulgar
baja ralea low class

Sancho preguntó: —¿Qué diablos de venganza hemos de tomar, si éstos son más de veinte y nosotros sólo dos, y tal vez uno y medio?°

uno y medio one and a half

Don Quijote respondió: —Yo valgo por cien.°

valgo por cien I am worth a hundred

Y sin decir más, echó mano° a su espada y arremetió contra los yangüenses.[3] Sancho hizo lo mismo, siguiendo el ejemplo de su amo. Dio don Quijote una gran cuchillada a uno, que le abrió el sayo de cuero° que llevaba puesto,° y gran parte de la espalda.

echó mano drew

sayo de cuero shepherd's leather garment
llevaba puesto he was wearing

Los yangüenses al verse maltratados° por dos hombres solos, siendo ellos tantos, recogieron sus estacas° y rodeando° a los dos, empezaron a menudear° en aquéllos con gran ahínco° y vehemencia. Dieron con Sancho en el suelo, y lo mismo con don Quijote, sin que le valiera su destreza o su buen ánimo. Quiso su ventura° que cayera a los pies de Rocinante, que aún no se había levantado.

maltratados mistreated

estacas clubs
rodeando surrounding
menudear to hit repeatedly
ahínco eagerness

Quiso su ventura It was his bad luck

Así se vio como machacan° las estacas cuando las mueven manos rústicas y enojadas.[4] Viendo, pues, los yangüenses el mal que habían hecho, cargaron° sus mulas con la mayor presteza° que pudieron, y siguieron su camino, dejando a los dos aventureros de mala traza° y peor talante.°

machacan crush

cargaron loaded
presteza hurry
mala traza looking bad
talante disposition, mood

El primero que se quejó fue Sancho quien se hallaba junto a su señor. Con voz enferma y lastimada°[5] dijo: —¡Señor don Quijote! ¡Ah, señor don Quijote!

lastimada pitiful

Don Quijote respondió con el mismo tono afeminado y doliente° que Sancho: —¿Qué quieres, Sancho hermano?[6]

doliente woeful

—Quisiera que me dé unos dos tragos° de esa bebida del feo Blas,[7] si es que la tiene usted a la mano.°—respondió Sancho.

tragos swallows
a la mano on hand, handy

Don Quijote dijo entonces: —Pues, a tenerla yo aquí,° desgraciado yo,° ¿qué nos faltara? Mas yo te juro, a fe de° caballero andante, que antes que pasen dos días, si la fortuna no ordena otra cosa, que la tendré en mi poder.

a tenerla yo aquí if I had it here
desgraciado yo wretched me
a fe de on the word of

Sancho replicó: —¿En cuántos días le parece a vuestra merced que podremos mover los pies?

El molido caballero respondió: —De mí puedo decir que no sabré poner fin° a esos días. Pero yo tengo la culpa. Yo no debía haber puesto mano a mi espada contra hombres que no eran armados caballeros como yo.

no sabré poner fin I will not know how to end

—El dios de las batallas me ha castigado° por no haber seguido las leyes de caballería. Por esto, te advierto, Sancho, que en el futuro, cuando veas que gente canalla nos hace algún agravio, no esperes que yo saque mi espada contra ellos, porque no lo haré de ninguna manera. Tú sacarás tu espada y los castigarás muy a tu sabor.°

castigado punished

muy a tu sabor much to your pleasure

—Ahora, si vienen caballeros a ayudarlos, entonces yo te sabré defender y ofenderlos con todo mi poder. Ya has visto, por experiencia, hasta donde se extiende el valor de éste mi fuerte brazo.

A Sancho no le pareció tan bien el aviso° de su amo, y entonces respondió diciendo: —Señor, yo soy hombre pacífico, manso y sosegado, y sé disimular

el aviso the notice

cualquier injuria,° porque tengo hijos y mujer a quienes sustentar y criar.° Así, yo también le aviso, que no puede ser mandato,° a vuestra merced que de ninguna manera pondré mano a mi espada, ni contra villano, ni contra caballero. Yo perdono todos los agravios que me han hecho, han de hacer, haya hecho, haga, o haya de hacer persona alta, baja, rica o pobre sin exceptuar estado ni condición alguna.

Su amo entonces respondió: —Quisiera tener aliento para poder hablarte despacio, pero tengo tanto dolor en esta costilla° y no te puedo explicar, Panza, en el error en el que estás.

—Pero ven aquí, pecador.° Si la fortuna, tan contraria hasta ahora, cambia a nuestro favor, ¿qué sería de ti si yo ganara una ínsula y te hiciera señor de ella? Lo harías imposible, porque no eres caballero, ni lo quieres ser, y no tienes valor de vengar° tus injurias. Porque has de saber que en los reinos recién conquistados nunca están quietos los ánimos° de sus naturales,° ni están de parte° de su nuevo señor. Así, es menester que el nuevo señor tenga entendimiento para saber gobernar y valor para ofender y defenderse en cualquier situación.

Sancho dijo que estaba más para brizmas° que para pláticas.° Preguntó entonces si su amo podía levantarse, y acusó a Rocinante de ser la causa de ese molimiento.° Dijo también que jamás creyó que Rocinante, a quien tenía por persona tan casta° como él, hubiera hecho tal cosa.

Y despidiendo treinta ayes,° y sesenta suspiros,° y ciento veinte pestes y reniegos° de quien le había traído allí, se levantó, pero se quedó como arco turco,°8 sin poder enderezarse.°

Con todo este trabajo, levantó a Rocinante, acomodó a don Quijote sobre su asno y puso detrás a Rocinante. Tomando a su asno del cabestro, se encaminó hacia donde creía que estaba el camino real.9 No había andado mucho cuando encontró el camino, en el cual descubrió una venta, que a pesar suyo y a gusto de don Quijote, debía ser castillo.

injuria insult
sustentar y criar to feed and raise
mandato order

costilla rib

pecador sinner

vengar to avenge
ánimos souls
naturales natives
de parte in support

brizmas poultices
pláticas chats

molimiento mauling

casta chaste

ayes ouches
suspiros sighs
pestes y reniegos oaths
arco turco Turkish long bow
enderezarse to straighten up

Notas

1. *yangüenses:* from the town of Yanguas, in the province of Segovia.

2. The horses of Córdoba were famous and highly desired in Spain from ancient times. The Dukes of Alba established stables, and during the reign of Philip II, they were the property of the Crown. The stables were located between the rivers Guadalquivir and Gualbarbo. Accounts tell that five hundred mares and twenty studs were kept for breeding. Cordobans were known for their equestrian dexterity.

3. Notice, once again, the courage of Don Quijote.

4. *manos rústicas y enojadas:* Once again, the lower classes are presented as devoid of noble feelings. It was a common belief that only the nobility were able to have noble feelings. Rustics were portrayed as primitive, ignorant, selfish, vengeful, greedy, etc.

5. *Con voz enferma y lastimada:* In *Lazarillo de Tormes,* Lazarillo says that his master, a blind man, spoke with "voz enferma y lastimada" to evoke pity.

6. Even though the situation is pitiful, it is out of character for Don Quijote to lose his poise, and mimic Sancho with an effeminate voice. Don Quijote is acting childishly.

7. *feo Blas:* Sancho uses a malapropism, "ugly Blas" for *Fierabrás.* In an earlier episode, Don Quijote had lamented not having any of Fierabrás's balsam, which he believed would magically cure anything.

8. *arco turco:* Sancho is described comically as bent like a Turkish bow. The Turkish bows were very long and in order to shoot them, one end had to be firmly placed on the ground.

9. *camino real:* the road from Toledo to Córdoba and Sevilla.

Preguntas

1. ¿Qué cuenta Cide Hamete Benengeli?

2. ¿Qué hizo Rocinante cuando Sancho lo dejó suelto?

3. Al ver que Rocinante trataba de violar a sus mulas, ¿qué hicieron los arrieros?

4. ¿Cómo reaccionaron don Quijote y Sancho?

5. Al ver esto, ¿qué hicieron los yangüenses?

6. ¿Cómo se quejó Sancho? ¿Cómo respondió don Quijote? Favor de comentar.

7. ¿Qué quiere Sancho? ¿Qué le promete don Quijote? ¿Quién tiene la culpa según don Quijote?

8. Según don Quijote, ¿qué deberá hacer Sancho en el futuro? ¿Cómo reacciona Sancho?

9. ¿Qué trae don Quijote ingeniosamente a la memoria de Sancho Panza? ¿Por qué?

10. ¿Tuvo esto efecto en Sancho? ¿Qué hizo luego?

11. ¿Hacia dónde fueron los dos?

Episodio 2

De lo que le sucedió al ingenioso hidalgo en la venta que él se imaginaba que era castillo.°

Cuando el ventero vio llegar a don Quijote atravesado° sobre el asno, preguntó a Sancho cuál era el mal que lo afligía.° Sancho le respondió que no era nada, sino que había rodado peña abajo,° y que tenía quebradas° las costillas.

Tenía el ventero una mujer caritativa° que se dolía° de las calamidades de sus prójimos.° Así, ella acudió a curar a don Quijote. Hizo que su hija, una doncella muy bonita, la ayudara a curar a su huésped.

Servía en la venta una moza asturiana,[1] ancha de cara,° llana de cogote,° de nariz roma,° de un ojo tuerta° y del otro no muy sana.° No tenía siete palmos° de estatura. Era tan jorobada° que miraba al suelo más de lo que ella quisiera.[2]

Esta moza, pues, ayudó a la doncella, y las dos hicieron una muy mala cama a don Quijote en un desván° que daba manifiestos° indicios de haber servido de pajar° por muchos años.

Allí se alojaba también un arriero,[3] que tenía su cama hecha un poco más allá° de la de nuestro don Quijote. Y aunque estaba hecha de las albardas° y mantas° de sus machos,° le llevaba mucha ventaja° a la de don Quijote, la que sólo tenía cuatro mal lisas tablas° sobre dos no muy iguales bancos,° y el colchón° más parecía colcha.° Las dos sábanas° parecían de cuero de adarga,° y la manta tenía solamente unos pocos hilos.°

En esa maldita cama se acostó don Quijote. Luego la ventera[4] y su hija lo emplastaron° de arriba abajo. Les alumbraba° Maritornes, que así se llamaba la sirvienta asturiana. Cuando la ventera vio tantos cardenales° en don Quijote, dijo que parecían golpes y no caída. Sancho respondió: —No fueron golpes, sino que la peña° tenía muchos picos° y tropezones,° y cada uno de ellos ha hecho su cardenal. Haga vuestra merced, señora, que queden algunas estopas,° porque a mí me duelen también los lomos.°[5]

La señora contestó: —Entonces tú caíste también.

---

castillo castle (This is the same inn where Don Quijote was before.)
atravesado laid across
afligía afflicted
rodado peña abajo fallen off a cliff
quebradas cracked, broken
caritativa charitable
se dolía took pity
prójimos fellow creatures
ancha de cara wide faced
llana de cogote thick necked
nariz roma pug nosed
tuerta blind
sana healthy
palmos handbreadths
jorobada hunchbacked
desván attic
manifiestos obvious
pajar straw loft
más allá further away
albardas packsaddles
mantas blankets
machos (male) mules
le llevaba ... ventaja was much better than
mal lisas tablas rough boards
bancos benches
colchón mattress
colcha cover
sábanas sheets
cuero de adarga shield leather
hilos threads
emplastaron poulticed
alumbraba held the lantern
cardenales black and blue marks
peña cliff
picos jagged edges
tropezones stumbling edges
estopas pads
lomos back (of animals), spine

Sancho replicó: —No caí, sino del sobresalto° de ver caer a mi amo, me duele tanto el cuerpo que me parece que me han dado mil palos.

La doncella entonces dijo: —Bien podría suceder eso, porque a mí me ha pasado muchas veces que he soñado° que caía de una torre° y no llegaba al suelo. Y cuando me despertaba del sueño, me hallaba tan molida como si verdaderamente me hubiera caído.

Sancho dijo: —¡Ahí está el toque,° señora! Que yo sin soñar nada, sino estando más despierto de lo que estoy ahora, me hallo no con menos cardenales que mi señor don Quijote.[6]

Maritornes preguntó entonces cómo se llamaba el caballero. Sancho respondió que era don Quijote de la Mancha, un caballero aventurero, de los mejores y más fuertes de todo el tiempo, y en todo el mundo.

Maritornes preguntó entonces: —¿Qué es caballero aventurero?

Sancho respondió sorprendido: —¿Tan nueva eres° en este mundo que no lo sabes? Sabe, hermana mía, que el caballero aventurero es una cosa que en dos palabras se ve apaleado y emperador.° Hoy es la criatura más desdichada° del mundo, y mañana tendrá dos o tres coronas° de reinos para dar a su escudero.[7]

Dijo la ventera: —¿Cómo es que tú, siendo escudero de este señor, no tienes, a lo que parece, ni siquiera un condado?°

Sancho replicó: —Es muy temprano todavía, porque no ha pasado sino un mes[8] desde que andamos buscando aventuras, pero no hemos encontrado todavía una que sea provechosa.° Pero yo no trocaría° mis esperanzas° por el mejor título de España.

Don Quijote escuchaba todas estas pláticas muy atento. Sentándose en el lecho, tomó la mano de la ventera y dijo: —Créeme, hermosa señora, que puedes llamarte afortunada por haber alojado en este castillo tuyo a mi persona, que es tal° que si yo no la alabo° es porque la alabanza propia envilece.°[9] Pero mi escudero te dirá quien soy.

—Sólo te digo que tendré eternamente escrito en mi memoria este servicio que me has hecho. Y quisiera el cielo, que si yo no estuviera rendido de amor° por mi dama Dulcinea, los ojos de ésta, tu bella hija, serían dueños de mi libertad.

La ventera, su hija y la sirviente Maritornes quedaron tan confusas con estas razones, como si las hubiera dicho en griego.° Le agradecieron entonces con venteriles° razones sus ofrecimientos, y lo dejaron. La asturiana Maritornes curó entonces a Sancho, quien necesitaba no menos curación que su amo.

El arriero había concertado° con Maritornes que esa noche, cuando todos estuvieran durmiendo, Maritornes iría a juntarse° con él. Sucedió, como se dijo, que el lecho de don Quijote estaba a la entrada, en el medio de aquel estrellado establo.°[10] El lecho de Sancho estaba junto al de don Quijote, y de seguido,° estaba el muy bien aparejado° lecho del arriero.

sobresalto excitement

he soñado have dreamed
torre tower

Ahí está el toque That's it

Tan nueva eres Are you so young

apaleado y emperador beaten and emperor
desdichada unlucky
coronas crowns

condado county (land governed by a count)

provechosa advantageous
no trocaría wouldn't exchange
esperanzas hopes

que es tal that is such
alabo praise
alabanza … envilece self-praise is degrading

rendido de amor conquered by the love of

griego Greek

venteriles humble (pertaining to the inn)

concertado made arrangements
juntarse to get together

estrellado establo starlit stable
de seguido next
bien aparejado well prepared

Digo, pues, que a la medianoche, después de haber visitado el arriero a su recua,° y dado su segundo pienso,° se tendió° en su lecho para esperar a la puntualísima Maritornes. Sancho ya estaba brizmado y acostado, pero sin poder dormir, por el dolor de sus costillas. Don Quijote, por su parte,° tampoco podía concertar el sueño,° por el dolor de las suyas, y tenía los ojos abiertos como liebre.° Toda la venta estaba en silencio, y no había en ella otra luz que una lámpara en medio del portón.°

recua herd
pienso feeding
se tendió stretched out
por su parte on the other hand
concertar el sueño fall asleep
liebre hare
portón doorway

En esta maravillosa quietud se vino a la imaginación de nuestro caballero, como se cuenta en los libros de caballerías, que estaba en un famoso castillo y que la hija del ventero era la hija del señor del castillo.

Entonces don Quijote imaginó que ella, vencida de su gentileza,° se había enamorado de él. Siendo así, le había prometido que aquella noche, a escondidas° de sus padres, vendría a estar con él. Don Quijote creyó esto firme y verdaderamente. Pensó también que su honestidad° estaba en un trance° peligroso. Se propuso° entonces, en su corazón, no cometer alevosía° contra su señora Dulcinea, aunque la reina de Ginebra con su dama Quintañona[11] se le pusiera delante.

vencida de su gentileza overwhelmed by his gentility
a escondidas in secret
honestidad chastity
trance moment
se propuso he decided
alevosía treachery

Pensando, pues, en estos disparates, llegó la hora de la venida° de la asturiana. Ella llegó con pasos sigilosos,° en camisa y descalza,° los cabellos sujetos° en una redecilla.° Entró, entonces, donde los tres se alojaban, en busca del arriero. Pero apenas° llegó a la puerta, cuando don Quijote, a pesar de° las brizmas y el dolor de sus costillas, tendió los brazos para recibir a su hermosa doncella. La asturiana que iba silenciosa, con las manos adelante, buscando a su querido,° se encontró con los brazos de don Quijote. Éste° la asió° fuertemente de una muñeca,° y la hizo sentar en su cama, y le dijo: —Hermosa y alta señora, quisiera hallarme en condición de poder pagar la gran merced que me has hecho; pero ha querido la fortuna ponerme en este lecho, donde estoy tan molido y quebrantado° que, aunque mi voluntad quisiera satisfacer la tuya, me fuera imposible. Además, hay otra imposibilidad mayor. He dado mi fe a la sin par Dulcinea del Toboso, la única señora de mis pensamientos. Si no fuera por esto, no dejaría pasar en blanco° esta venturosa° ocasión.[12]

venida arrival
sigilosos stealthy
en camisa y descalza in a nightgown and barefooted
sujetos gathered
redecilla hair net
apenas as soon as
a pesar de in spite of

querido beloved
Éste i.e., don Quijote
asió seized
muñeca wrist

quebrantado broken down
pasar en blanco to pass up
venturosa lucky
sudaba perspired
asida grabbed
la había sentido entrar had heard her coming in
cumpliera fulfill
por otro on account of another man
quedo quietly
forcejaba struggled
desasirse break loose
enarboló hoisted (high as a tree)
descargó discharged
puñada blow with the fist
estrechas quijadas narrow jaws
se subió climbed upon
trote trot
paseó walked around
de cabo a cabo from one end to the other

Maritornes sudaba° al verse tan asida° de don Quijote, sin entender sus razones. El bueno del arriero, a quien tenían despierto sus malos deseos, la había sentido entrar° y había estado escuchando todo lo que se decía. Celoso de que ella no cumpliera° su palabra, por otro,° se fue quedo° al lecho de don Quijote, y vio que la moza forcejaba° por desasirse° y don Quijote trabajaba por tenerla.

Entonces el arriero enarboló° el brazo en alto y descargó° tan terrible puñada° sobre las estrechas quijadas° del enamorado caballero, que le bañó la boca en sangre. Y no contento con esto, se subió° sobre las costillas de don Quijote y más que a trote,° se las paseó° todas de cabo a cabo.°

El estruendo° despertó al ventero, quien se imaginó que eran pendencias° de Maritornes, porque llamándola varias veces, no respondía. Fue a buscarla, con un candil° en la mano, al lugar donde había sentido la refriega.° La moza, viendo que su amo venía en condición terrible, se metió° en la cama de Sancho, quien aún dormía, y allí se acurrucó° hecha un ovillo.° El colérico° ventero preguntó: —¿Dónde estás? Estoy seguro que éstas son tus cosas.

En esto, despertó Sancho, y sintiendo aquel bulto,° pensó que tenía pesadilla,° y comenzó a dar puñadas alcanzando° con algunas a Maritornes. Ésta, sintiendo el dolor, dio en retorno° a Sancho tantas que Sancho, alzándose° como pudo, se abrazó con° Maritornes y comenzaron entre los dos a la más reñida° y graciosa escaramuza° del mundo.

Al ver esto el arriero, dejó a don Quijote y acudió a ayudar a su dama. El ventero hizo lo mismo, pero con intención de castigar a Maritornes, porque creía que ella era la causa de toda esa armonía.° Y así, le daba puñadas el arriero a Sancho, Sancho a la moza, la moza a él, el ventero a la moza, y todos menudeaban° con tanta prisa que no daban punto de reposo.°

Fue el caso que esa noche se alojaba en la venta un cuadrillero° de la Santa Hermandad, quien al oír el extraño estruendo de la pelea,° tomó su media vara°13 y entró al aposento diciendo: —¡Ténganse a la justicia!° ¡Ténganse a la Santa Hermandad!

El primero con quien topó° fue el apuñeado° de don Quijote, quien estaba tendido boca arriba,° sin sentido, en su lecho. El cuadrillero en la oscuridad, lo asió de la barba y como don Quijote no se movía, creyó que estaba muerto, y los que estaban allí dentro lo habían matado. Con esta sospecha° reforzó su voz,° diciendo: —¡Ciérrese° la puerta de la venta, no salga nadie, porque han muerto aquí a un hombre!

Esta voz detuvo la escaramuza. El ventero regresó a su aposento, el arriero a su lecho, y la moza a su alcoba rústica. Sólo los desventurados° don Quijote y Sancho no se pudieron mover de donde estaban. El cuadrillero soltó° entonces la barba de don Quijote y salió a traer luz para buscar y prender° los delincuentes.

---

estruendo clatter
pendencias quarrels
candil oil lamp
refriega scuffle
se metió got into
acurrucó huddled
hecha un ovillo as tightly as a ball of yarn
colérico angry

bulto bundle

pesadilla nightmare
alcanzando reaching
dio en retorno hit back
alzándose raising up
se abrazó con embraced
reñida bitter
escaramuza skirmish

armonía harmony

menudeaban hit each other
punto de reposo a moment of rest
cuadrillero constable
pelea brawl
media vara staff
¡Ténganse a la justicia! Stop, in the name of the law!
topó came across
apuñeado fist-beaten
boca arriba face up

sospecha suspicion

reforzó su voz raised his voice
Ciérrese Close

desventurados unfortunate

soltó let loose

prender to apprehend

Notas

1. *asturiana:* Natives of the old northern Spanish kingdoms, such as Asturias, claimed to be of noble ancestry (*cristianos viejos*). However, in the rest of Spain, they had the reputation of being dim-witted. There are

many references, and satires, by many of Cervantes's contemporaries, that make fun of Asturians. Salas Barbadillo, a good friend of Cervantes, describes an Asturian in his *Pedro de Urdemalas* in almost the same words.

2. Making fun of physical defects in humans, as well as in animals (Rocinante), is typical of the Spanish baroque (decadent) period.

3. *arriero:* During Cervantes's time, freight-hauling and public transportation between towns was by means of mules driven by muleteers who were usually Moors. These muleteers were a rough bunch, much like today's truck drivers.

4. The feminine form of the name of a trade was used to identify the wife of a tradesman; thus, the *ventero*'s wife was a *ventera;* the *molinero*'s, *molinera;* the *zapatero*'s, *zapatera;* and so on.

5. Sancho is lying, of course, and the innkeeper's wife understands this.

6. Sancho takes advantage of the simple observation of the innkeeper's daughter to give further credibility to his lie.

7. *apaleado y emperador:* From Sancho's point of view, the juxtaposition of *emperador* and *apaleado* is truly the quintessence of knight errantry.

8. They left home three days ago, not a month ago. Sancho is willfully lying.

9. The false modesty of Don Quijote is obvious.

10. The light from the stars came through the crevices in the roof of the broken-down barn, converting it into a starlit dormitory.

11. *reina de Ginebra con su dama Quintañona:* The loves of Lancelot and Guinevere (queen of Geneva), the wife of King Arthur, appeared for the first time in the twelfth century, in a book of chivalry *Li chevaliers de la charrete,* by Chrétien de Troyes. *Quintañona* was one of the ladies-in-waiting of Guinevere. The name *Quintañona* could be a pun on her age (that she was over fifty).

12. Cervantes ridicules scenes in the books of chivalry, where princesses and even queens, overwhelmed with love, would venture into the chambers of the knights who stayed overnight at their castles.

13. The *cuadrilleros* de *la Santa Hermandad* had a staff as a symbol of royal authority (See Ch. 7, Note 8).

Preguntas

1. ¿Qué contestó Sancho a la pregunta del ventero? Explique su respuesta.

2. Describa a la ventera, a su hija, y a Maritornes.

3. ¿Cómo eran los lechos de los tres huéspedes en el desván?

4. Cuando la ventera emplastó a don Quijote, ¿qué preguntó a Sancho? ¿Qué contestó Sancho? ¿Qué arguyó la hija? Explique.

5. ¿Cómo explicó Sancho a Maritornes lo que es un caballero aventurero?

6. ¿Cómo se sabe que Sancho estuvo aún contento de andar en esas aventuras?

7. ¿Qué le dijo don Quijote a la ventera cuando tomó su mano?

8. ¿Qué habían concertado el arriero y Maritornes para esa noche? ¿Qué sucedió luego?

9. ¿Cómo reaccionó el arriero? ¿Cuál fue el resultado?

10. ¿Qué hizo el ventero?

11. ¿Qué sucedió luego?

12. ¿Quién llegó, y qué hizo?

Continúan los trabajos¹ del valeroso don Quijote y su buen escudero Sancho Panza. El cuadrillero de la Santa Hermandad hace su investigación. El bálsamo de Fierabrás hace su efecto. El manteo² de Sancho.

Para entonces° ya había vuelto en sí° de su desmayo° don Quijote, y con el mismo tono de voz afeminado con que respondió a Sancho el día anterior, le comenzó a llamar: —Sancho amigo, ¿duermes? ¿Duermes, amigo Sancho?³

    Sancho replicó lleno de pesadumbre:° —Desdichado de mí.° ¿Cómo he de dormir? Me parece que todos los diablos han andado conmigo esta noche.

    Don Quijote dijo entonces: —O yo sé poco, o éste es un castillo encantado.

para entonces by then
vuelto en sí had come to his senses
desmayo fainting spell

pesadumbre sorrow
Desdichado de mí Wretched me. Poor me.

Sancho se quejó entonces: —Así lo creo, porque más de cuatrocientos moros me han aporreado° a mí, de manera que el molimiento de las estacas de ayer fue poco en comparación.

Dijo entonces don Quijote: —No tengas pena,° amigo, porque yo haré ahora el bálsamo precioso, con el que sanaremos en un abrir y cerrar de ojos.

En ese momento consiguió encender el candil el cuadrillero, y entró a ver el muerto. Sancho, cuando lo vio venir en camisa, con un paño de cabeza°4 y con un candil en la mano, preguntó a su amo: —¿Señor, será éste el moro encantado° que vuelve para castigarnos?°5

Don Quijote replicó: —No puede ser, porque los encantados no se dejan ver° de nadie.

Llegó el cuadrillero a ellos, y como los halló en tan sosegada conversación, quedó suspenso.° Bien es verdad que don Quijote estaba todavía boca arriba, sin poder moverse, de puro molido y lleno de emplastos. Se llegó el cuadrillero a don Quijote y le preguntó: —Pues, ¿cómo va, buen hombre?°6

Don Quijote respondió: —¡Si yo fuera tú, hablaría con mayor cortesía! ¿Se usa° aquí hablar de este modo a los caballeros andantes, majadero?°

El cuadrillero, cuando se vio tratar tan mal por un hombre de tan mala apariencia, no lo pudo soportar,° y alzando su candil con todo su aceite, dio a don Quijote con él en la cabeza, dejándole muy bien descalabrado.°7 Salió entonces el cuadrillero, y todo quedó a oscuras.° Sancho Panza dijo entonces: —Sin duda, señor, que éste es el moro encantado. Y debe guardar el tesoro para otros y para nosotros sólo guarda puñadas y candilazos.°8

Don Quijote le aseguró: —Así es; y no hay que hacer caso° de estas cosas de encantamientos, ni hay que tener cólera° ni enojo° por ellas, porque, como son invisibles y fantásticas, no hallaremos de quien vengarnos.

—Ahora levántate, si puedes, Sancho, y llama al alcalde de esta fortaleza,° y pide que me dé un poco de aceite, vino, sal y romero,° para hacer el saludable bálsamo. Creo, en verdad, que lo necesito ahora, porque pierdo mucha sangre por donde el fantasma° me hirió.

Sancho se levantó, con mucho dolor, y fue a oscuras donde estaba el cuadrillero, y pidió el romero, aceite, sal y vino. Dijo que lo necesitaba para curar a uno de los mejores caballeros andantes que hay en la tierra, el cual fue malherido a manos de un moro encantado que estaba en la venta.

Cuando el cuadrillero oyó esto, lo tuvo por loco. Como ya comenzaba a amanecer, abrió la puerta y le dijo al ventero lo que don Quijote quería. El ventero se lo dio, y Sancho se lo llevó a don Quijote.

En resolución,° don Quijote tomó sus hierbajos,° los mezcló° y cocinó por un buen espacio, hasta que le pareció que estaban a punto.° Lo puso en una alcuza° de hoja de lata.° Luego dijo sobre la alcuza más de ochenta paternosters,° y otras tantas avemarías° y credos.° Después de cada palabra, daba

---

aporreado mauled

No tengas pena Don't worry

paño de cabeza turban

moro encantado enchanted Moor
castigarnos to punish us
no se dejan ver do not allow themselves to be seen

suspenso surprised

buen hombre poor man (during Cervantes's time)

Se usa Is it customary
majadero fool

no lo pudo soportar could not bear it
descalabrado with a head injury
a oscuras dark

candilazos blows with the oil lamp
hacer caso pay attention
cólera anger
enojo offense

fortaleza fortress

romero rosemary (herb)

fantasma ghost

En resolución In short
hierbajos old weeds
mezcló mixed
a punto ready
alcuza oil-bottle, cruet
hoja de lata tin
paternosters Lord's Prayers
avemarías Hail Marys
credos creeds

una bendición.°⁹ Y en presencia de Sancho, el ventero y el cuadrillero, se bebió
parte del preciosísimo bálsamo.

Apenas lo acabó de beber, cuando comenzó a vomitar hasta que no le quedó
cosa en el estómago. Con las ansias° y agitación del vómito, le vinieron sudores
copiosísimos,° por lo cual mandó que lo arroparan° y lo dejaran solo. Así lo
hicieron, y se quedó dormido por tres horas, al cabo de las cuales se despertó y
sintió aliviadísimo,° y se tuvo por sano.

Creyó que había acertado con° el bálsamo de Fierabrás,¹⁰ y que con aquel
remedio podía, de allí en adelante,° sin temor alguno, acometer° cualquier
batalla, o pendencia, por peligrosa que fuera.°

Sancho Panza, que también tuvo a milagro° la mejoría° de su amo, le rogó
que le diera a él la parte que quedaba del bálsamo. Don Quijote lo concedió,° y
Sancho, tomándola a dos manos,° con buena fe y mejor talante,° se la echó a
pechos,° y bebió no poco menos que su amo. Es pues el caso que el estómago
del pobre Sancho no debía ser tan delicado con el de su amo. Y así, antes de
vomitar, le dieron tantas ansias y bascas,° trasudores° y desmayos, que él pensó
que había llegado su última hora. Así, maldecía° el bálsamo, y al ladrón que se
lo había dado.¹¹ Viéndolo así don Quijote, le dijo: —Yo creo, Sancho, que todo
este mal te viene porque no has sido armado caballero. Creo que este licor° no
tiene efecto en los que no lo son.

Sancho respondió: —Si esto lo sabía vuestra merced, ¿por qué me permitió
beberlo?

En esto hizo su operación el brebaje,° y comenzó el pobre escudero a
desaguarse° tanto por ambas canales° que ni la estera° ni la manta que lo
cubrían fueron suficientes. Sudaba y trasudaba con tales desmayos y acci-
dentes, que no solamente él, sino los presentes pensaron que Sancho moría.

Le duró la borrasca° casi dos horas, al cabo de las cuales° no quedó como su
amo, sino tan molido y quebrantado que no se podía parar.° Mas don Quijote
quería partir en busca de nuevas aventuras, con la seguridad de que llevaba su
bálsamo.

Y así, él mismo ensilló a Rocinante y enalbardó° al jumento de su escudero, a
quien ayudó a vestir y subir en su asno. Montó en Rocinante y cogió un
lanzón° que estaba en un rincón° de la venta, para que le sirviera como lanza.

Todos los que estaban en la venta, que eran más de veinte, los estaban
mirando, y cuando llegaron a la puerta de la venta, don Quijote llamó al
ventero y con voz sosegada le dijo: —Señor alcalde, muchas son las mercedes
que he recibido en este castillo, y quedo obligado a agradecértelas° por toda mi
vida.

El ventero respondió con el mismo sosiego: —Señor caballero, yo tengo
necesidad de que me pague el gasto° que ha hecho en esta venta, así de la paja y
cebada° de las dos bestias, como de la cena y camas.

Don Quijote preguntó entonces: —Luego, ¿venta es ésta?

bendición blessing

ansias anxieties
sudores copiosísimos soaking
  perspiration
arroparan cover with a blanket
aliviadísimo very relieved

acertado con stumbled onto

de ... adelante from then on
acometer to undertake
por peligrosa que fuera no
  matter how dangerous it
  might be
tuvo a milagro believed it a
  miracle
mejoría cure
concedió granted
a dos manos with both hands
mejor talante better mood
se la echó a pechos he
  downed it
bascas nausea
trasudores sweating
desmayos fainting spells
maldecía he cursed
licor liquid

brebaje concoction
desaguarse to drain
canales channels
estera mat

borrasca storm
al cabo de las cuales at the
  end of which
parar stand

enalbardó put on the
  saddlebags
lanzón short, thick lance
rincón corner

agradecértelas to thank you
  for them

pague el gasto pay the bill
cebada feed

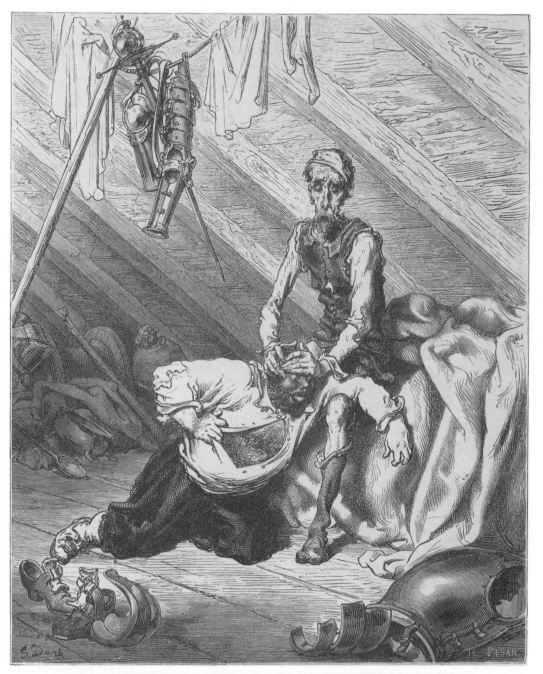

—Yo creo, Sancho, que todo este mal te viene porque no has sido armado caballero.

. . . dijo que perdonara la paga, porque él no podía contravenir a la orden de caballería.

El ventero respondió: —Y muy honrada.°   **honrada** decent

Don Quijote dijo entonces que se había engañado,° porque pensaba que era
castillo, y no muy malo. Entonces le dijo que perdonara la paga,° porque él no
podía contravenir° a la orden de caballería, porque los caballeros andantes
nunca pagaron por posada° alguna, porque eso les corresponde en pago° de
todos los sufrimientos que padecen° los caballeros andantes buscando aventuras día y noche, invierno y verano.[12]

se había engañado had been
  fooled
perdonara la paga forgive him
  for not paying
contravenir contravene,
  violate
posada lodging
les ... pago serves as payment
padecen suffer

Dijo el ventero: —Yo no tengo nada que ver° con eso. Págueseme° lo que se
me debe.

Yo no tengo nada que ver I
  have nothing to do
Págueseme Let me be paid

Don Quijote dijo al ventero que era un necio° y mal hostelero° y picando a
Rocinante, salió de la venta sin que nadie lo detuviera, y se alejó° un buen
trecho.° El ventero, cuando lo vio partir, y que no le pagaba, fue a cobrar a°
Sancho. Éste respondió que si su señor no pagaba, él tampoco pagaría, porque
siendo escudero de caballero, se aplicaban las mismas reglas.°

necio stupid
hostelero innkeeper
se alejó he went off
buen trecho a good distance
cobrar a to collect from

reglas rules

Quiso la mala suerte del desdichado Sancho que entre la gente que estaba en
la venta se hallaran cuatro cardadores de paño° de Segovia, tres pícaros° de
Córdoba y dos vecinos° de Sevilla, gente alegre,° maleante° y juguetona.°
Ellos, casi como movidos de un mismo espíritu, se llegaron a Sancho, lo
bajaron del asno, lo pusieron en la mitad de una manta y comenzaron a
lanzarlo a lo alto° y a divertirse con él.

cardadores de paño wool
  combers
pícaros rogues
vecinos residents from the
  vicinity of
alegre happy
maleante pranksters
juguetona playful
lanzarlo a lo alto to throw him
  up high

El mísero manteado° daba tantas voces que llegaron a los oídos de su amo, el
cual, deteniéndose a escuchar atentamente, creyó que venía alguna otra aventura, hasta que reconoció la voz de Sancho. Volvió las riendas, y con pesado°
galope llegó a la venta y, hallándola cerrada, la rodeó,° sin encontrar por donde
entrar.

mísero manteado poor
  blanketed one (i.e., Sancho)
pesado heavy
la rodeó he circled it

Pero cuando llegó a las paredes del corral, que no eran muy altas, vio el mal
juego° que se le hacía a su escudero. Lo vio bajar y subir por el aire, con tanta
gracia y presteza, que si la cólera lo dejara,° él se riera.

mal juego prank

lo dejara would allow him

Les dijo tantos denuestos° y baldones° a los que manteaban a Sancho, mas
ellos no cesaban su risa, ni el volador° Sancho dejaba sus quejas,° hasta que
ellos se cansaron. Entonces le trajeron allí su asno, y subiéndolo encima, lo
arroparon° con su gabán.° La compasiva Maritornes le trajo un jarro de agua
del pozo,° por ser más fría, pero don Quijote le gritaba: —Hijo Sancho, no
bebas agua, hijo, no la bebas, porque te matará.

denuestos insults
baldones reproaches
volador flying
quejas complaints

arroparon dressed
gabán overcoat
pozo well

Y le enseñaba la alcuza del bálsamo. A estas voces volvió Sancho los ojos de
través,° y le preguntó a don Quijote: —¿Por dicha,° se le ha olvidado que no
soy caballero, o quiere que acabe de vomitar las entrañas° que me quedan?
Guárdese° su licor con todos los diablos, y déjeme a mí en paz.°

volvió ... través rolled his eyes
  to the side
por dicha by chance
entrañas entrails
Guárdese Keep
déjeme a mí en paz leave me
  alone

Y el acabar de decir esto, y el comenzar a beber fue todo uno. Pero al primer
trago° vio que era agua, y no quiso pasar adelante,° y le rogó a Maritornes que
le trajera vino. Ella lo hizo así, de muy buena voluntad, y lo pagó de su propio°
dinero.

trago swallow
pasar adelante go on
su propio her own

Lo vio bajar y subir por el aire con tanta gracia y presteza, que si la cólera lo dejara, él se riera.

Así como° bebió Sancho, espoleó a su asno, y abriéndole la puerta de par en par,° se salió de ella,° muy contento de no haber pagado nada, aunque el ventero se quedó con° sus alforjas, en pago de lo que debía.

Así como As soon as

de par en par wide
ella it (the door)
se quedó con kept

Notas

1. By calling Don Quijote's misfortunes *trabajos,* Cervantes may be insinuating ironically that the labors of Don Quijote were of the same magnitude as the ten labors of Hercules.

2. *manteo:* Blanketing, that is, placing an individual in the middle of a blanket, and tossing him up and down, was a common prank during Cervantes's time.

3. Once again, Don Quijote mimics the voice of a female, and is out of character.

4. *paño de cabeza:* Instead of a sleeping cap with a tassel, some used a cloth wrapped around their heads, similar to an Arabic turban.

5. *moro encantado:* In the folklore of the time, there were legends of enchanted Moors that played all sorts of tricks.

6. *¿Cómo va, buen hombre? Buen hombre* was equivalent to "poor man;" therefore, the angry reaction of Don Quijote.

7. Notice that the *cuadrillero,* like Don Quijote, is of choleric temperament, very quick to anger. He doesn't hesitate to punish Don Quijote for calling him *majadero* or "fool".

8. Evidently, Sancho saw the turban of the *cuadrillero,* and thought that he was seeing the enchanted Moor. There were legends of Moors hiding their gold in the fields. Folk expressions of the time reflect this: *el moro y el tesoro . . . , el moro y el oro,* etc. Notice also that Sancho is willing to use fantasy to explain the *cuadrillero's* beating of Don Quijote.

9. The *paternóster* is the Lord's Prayer; the *avemaría* is the Hail Mary; the *credo* is the Apostles' Creed. Cervantes often treats religious topics with humor and irony.

10. *bálsamo de Fierabrás:* In the *History of Charlemagne* (Ch. 18 and 19) and the *Legend of the Twelve Peers,* Fierabrás (*O fier a bras:* the one with the strong arms) was a Saracen giant, who stole from Rome the miraculous liquid with which Jesus was embalmed. The balm was said to have the

property of instantly healing wounds. Don Quijote mixed a concoction of olive oil, rosemary, and vinegar, thinking that it was the recipe.

11. Sancho must be cursing the individual who gave Don Quijote the recipe for the *bálsamo*. It is unimaginable that Sancho would insult don Quijote by calling him *ladrón* (thief).

12. In Pulci's novel of chivalry *Morgante* (Ch. 21), Orlando finds himself unsettled because he cannot pay the innkeeper. Cervantes must have had this episode in mind when he wrote this part of the incident at the inn.

Preguntas

1. ¿Qué preguntó don Quijote a Sancho, con voz afeminada? ¿Qué creía don Quijote?

2. ¿De qué se quejó Sancho? ¿Qué prometió don Quijote?

3. Cuando Sancho vio al cuadrillero, ¿qué creyó? ¿Qué explicó don Quijote?

4. Cuando el cuadrillero vio a don Quijote, ¿cómo lo llamó? ¿Qué efecto tuvo esto en don Quijote? ¿Qué le ocurrió luego?

5. ¿Qué creyó entonces don Quijote? ¿Qué mandó a Sancho?

6. ¿Qué pidió don Quijote? ¿Qué creyó el cuadrillero?

7. ¿Cómo preparó el bálsamo don Quijote?

8. ¿Qué le sucedió a don Quijote cuando se lo bebió?

9. ¿Qué hizo luego Sancho?

10. En ese momento, ¿qué decidió hacer don Quijote?

11. ¿Qué ocurrió al salir de la venta? ¿Qué quería el ventero?

12. ¿Qué dijo don Quijote de la venta? ¿Qué hizo luego el hidalgo?

13. ¿Qué hizo el ventero con Sancho?

14. ¿Cómo reaccionó a esto don Quijote?

15. ¿Qué hicieron al fin los juguetones huéspedes? ¿Qué hizo la compasiva Maritornes? ¿Qué gritaba don Quijote?

16. ¿Qué respondió Sancho a don Quijote? ¿Qué pidió Sancho a Maritornes?

17. ¿Qué sucedió cuando Sancho bebió el agua de la samaritana (i.e., Maritornes)? ¿Qué pidió Sancho?

18. ¿Cómo se pagó el ventero?

Episodio 4

Donde se cuentan° la discusión que tuvo Sancho Panza con su señor don Quijote, y otras aventuras.

se cuentan are told

Llegó Sancho donde su amo tan marchito° y desmayado que ni siquiera podía arrear° a su jumento. Cuando lo vio así don Quijote, le dijo: —Creo, sin duda, Sancho bueno, que aquel castillo o venta es encantado, porque aquéllos que tan atrozmente° se divirtieron contigo, ¿qué podían ser sino fantasmas y gente del otro mundo? Y confirmo esto porque cuando yo estaba en la cerca° del corral mirando los actos de tu triste tragedia, me fue imposible subir la cerca o apearme de Rocinante, porque debían tenerme encantado.

marchito wilted

ni ... arrear couldn't even drive

atrozmente fiercely, atrociously
cerca fence, wall

—Yo te juro, por la fe de quien soy, que si hubiera podido subir la cerca o apearme, te hubiera vengado° de esos follones° y malandrines,° aunque contraviniera las leyes de caballería.[1]

te hubiera vengado I would have avenged you
follones despicable individuals
malandrines highwaymen

Sancho respondió: —Yo también me hubiera vengado, si hubiera podido, aunque yo creo que los que se divirtieron conmigo no eran ni fantasmas ni hombres encantados, como vuestra merced dice, sino hombres de carne y hueso, como nosotros. Cuando me manteaban oí decir algunos de sus nombres como Pedro Martínez, Tenorio Hernández y Juan Palomeque el Zurdo.°

Zurdo left-handed (i.e., nickname)
saltar to jump over

—Y así, señor, que el encantamiento no estuvo ni en no poder saltar° la cerca del corral, ni en no poder apearse de Rocinante, sino en otra cosa.[2] Lo que saco en limpio° de todo esto es que estas aventuras que andamos buscando, al fin serán tales desventuras° que llegará el momento que no sepamos cual es nuestro pie derecho.

Lo que saco en limpio What I conclude
desventuras misfortunes

—Y lo que sería mejor, y más acertado,° según mi poco entendimiento, fuera que volviéramos a nuestra aldea° ahora, que es el tiempo de la cosecha,° y que nos entendiéramos° de nuestras haciendas,° dejándonos de° andar de Ceca a Meca.[3]

más acertado wiser

aldea village
cosecha harvest
nos entendiéramos concern ourselves
haciendas properties
dejándonos de stopping

Don Quijote dijo entonces: —¡Qué poco sabes, Sancho, de cuestiones de caballería! Calla y ten paciencia. Ya vendrá el día en que veas lo honroso de este ejercicio.° Dime, ¿qué mayor contento puede haber en el mundo que vencer una batalla, o triunfar sobre un enemigo? Sin duda alguna, ninguno.

Sancho comentó: —Así debe ser, puesto que° yo no lo sé. Sólo sé que jamás hemos vencido batalla, sino la del vizcaíno. Y aun de ella salió vuestra merced con media oreja y media celada menos. Después de eso, hasta hoy, todo ha sido palos° y más palos, puñadas y más puñadas, llevando yo la ventaja del° manteamiento que me hicieron personas encantadas de quienes no puedo vengarme para saber el gusto de la victoria sobre el enemigo, como vuestra merced dice.

Respondió don Quijote: —Esa es la pena que yo tengo y que tú debieras tener, Sancho. Pero de aquí en adelante yo procuraré tener una espada hecha de tal manera que al que la trajera consigo° no puedan hacer ningún encantamiento. Y aun más, podría ser que la suerte° me diera la espada de Amadís de Gaula, la que además de tener virtudes contra encantamientos, cortaba como navaja,° y no había armadura, por fuerte que fuera,° que la detuviera.

Sancho se lamentó entonces: —Yo no tengo esa suerte, porque esa espada sólo valdrá a los que son armados caballeros, como el bálsamo, y a los escuderos, que se los papen duelos.°⁴

Don Quijote le aseguró: —No temas Sancho, porque el cielo hará mejor contigo.

En esta conversación estaban don Quijote y Sancho, cuando vio don Quijote que por el camino en que iban, venía hacia ellos una gran polvareda,° muy espesa. Al verla, se volvió a Sancho y dijo: —Este es el día, ¡oh Sancho!, en el cual se ha de mostrar° el valor de mi brazo. Y tengo que hacer obras que quedarán escritas en el libro de la Fama⁵ de todos los siglos° del futuro. ¿Ves aquella polvareda que se levanta Sancho? Pues esta cuajada° de un gran ejército de diversas e innumerables gentes que vienen marchando.

Sancho advirtió: —Deben ser dos, porque detrás de nosotros también se levanta otra polvareda de otro ejército.

Don Quijote miró hacia atrás y vio que eso era verdad. Y pensó, con gran alegría, que dos ejércitos venían a embestirse° en la mitad de esa espaciosa llanura.° Pensó esto porque en todo momento tenía la cabeza llena de la fantasía de las batallas de caballería, con sus encantamientos, sucesos, desatinos, amores y desafíos que en esos libros se cuentan.

La polvareda que había visto la levantaban dos grandes manadas de ovejas y carneros° que venían por ese camino, en dirección opuesta, y debido al polvo,° no se los podía distinguir hasta que llegaron cerca. Don Quijote aseguraba,° con tanto ahínco,° que Sancho lo creyó al fin, y le preguntó: —Señor, pues ¿qué haremos ahora?

Don Quijote respondió: —¿Qué? ¡Favorecer a los menesterosos!° Y debes saber que a este ejército, frente a nosotros, lo guía° Alifanfarón de la Trapobana.⁶ Y al ejército que viene detrás de nosotros lo guía el emperador Pentapolín del Arremangado Brazo.⁷

---

ejercicio profession

puesto que since

palos beatings
llevando yo la ventaja del with me having the worst part of all because of the

al ... consigo whoever brings it with them
la suerte good fortune

navaja shaving blade
por fuerte que fuera no matter how strong

que se los papen duelos there's no help for them

polvareda dust cloud

se ha de mostrar will be shown
siglos centuries
cuajada churned up

embestirse to clash with each other
espaciosa llanura wide open plain

manadas de ovejas y carneros flocks of sheep and rams
debido al polvo on account of the dust
aseguraba assured
ahínco determination

¡Favorecer a los menesterosos! Protect the needy!
lo guía leads it

Sancho entonces preguntó: —¿Por qué se quieren mal° esos dos señores?

Don Quijote respondió: —Porque Alifanfarón es un furibundo mahometano,° y está enamorado de la bella hija de Pentapolín, la cual es cristiana. Su padre quiere que deje la ley del profeta Mahoma° y se convierta a la suya.

Sancho juró: —¡Por mis barbas,° que haga muy bien Pentapolín! Si no, tengo que ayudarlo en cuanto pueda.[8]

Don Quijote le dijo entonces: —Eso está bien, porque para entrar en tales batallas, no necesitas ser armado caballero. Y para que veas mejor, subamos a ese altillo° de donde podremos ver bien a los dos ejércitos, porque te quiero mostrar quienes son todos esos caballeros.

Así lo hicieron, y subieron sobre un altillo, de donde se hubieran podido ver bien las dos manadas de ovejas y carneros que don Quijote creía que eran dos ejércitos, si las nubes de polvo que levantaban no les cegaran la vista.° Pero con todo esto, viendo en su imaginación lo que no veía ni había, comenzó a decir en voz alta: —Ese caballero, de las armas amarillas, que ves allí es Laurcalco,[9] señor del Puente de Plata. El otro, que trae tres coronas de plata en su escudo, es el temido° Micocolembo,[10] gran duque de Quirocia. El otro que está a su lado es el gigante, nunca miedoso,° Brandabarbarán de Boliche,[11] señor de las tres Arabias.[12] Ahora, mira Sancho a este otro ejército. El que va en frente es el jamás vencido Timonel de Carcajona,[13] príncipe de Nueva Vizcaya. En su escudo está un gato de oro con un escrito que dice *Miau*,° que es el principio del nombre de su dama, la sin par Miulina,[14] hija del duque Alfeñiquén[15] de Algarbe, y el otro que oprime° los lomos° de esa poderosa yegua, y que trae las armas blancas como la nieve, es un caballero novel francés llamado Pierres Papín;[16] y el que monta en esa ligera cebra° es el poderoso duque Espartafilardo[17] del Bosque.

Y de esta manera fue nombrando a muchos caballeros, que él se imaginaba, de uno y otro escuadrón. También nombró las exóticas naciones que estaban representadas por esos ejércitos. Sancho, por su parte, de cuando en cuando volvía la cabeza y no veía nada. Dijo entonces que debían ser encantamientos como lo del moro encantado la noche anterior. Don Quijote le dijo a Sancho que tenía los sentidos turbados° por el miedo, y por eso ni oía ni veía nada. Y diciendo esto, metió espuelas a° Rocinante y, con la lanza en ristre,° atacó como un rayo.°

Sancho le advirtió con grandes voces: —Vuélvase vuestra merced, señor don Quijote, porque, ¡voto a Dios° que son carneros y ovejas lo que va a embestir! ¡Vuélvase! ¡Qué locura es ésta! ¡Mire que no hay gigante, ni caballero, ni gatos, ni armas, ni escudos, ni endiablados!°

Don Quijote no volvió ni por esas razones, sino que atacó por medio del escuadrón de ovejas, diciendo en altas voces: —Ea,° caballeros que sirven bajo las banderas del valeroso emperador Pentapolín, síganme° todos y verán lo fácilmente que le doy venganza de su enemigo Alifanfarón de la Trapobana.

---

se quieren mal hate each other, are enemies

furibundo mahometano raging mad Moslem
la ley del profeta Mahoma Islamic law
Por mis barbas By my beard

altillo bluff

no les cegaran la vista did not blind them

temido feared

miedoso fearful

miau meow

oprime oppresses (i.e., by his great weight)
lomos back
cebra zebra (i.e., the color of the horse, or a zebra, indeed)

turbados perturbed, upset
metió espuelas a he spurred on
lanza en ristre lance raised ready for attack
rayo bolt of lightning
voto a Dios by Jove

endiablados bedeviled, bewitched

Ea Behold
síganme follow me

Pasó a las ovejas por su lanza, con tanto coraje como si en verdad traspasara
con su lanza a sus enemigos mortales.

Pasó a° las ovejas por su lanza, con tanto coraje° como si en verdad traspasara° con su lanza a sus enemigos mortales. Los pastores, que venían con las manadas, le gritaban que no hiciera eso; pero viendo que no les hacía caso, sacaron sus hondas° y comenzaron a saludarle los oídos° con piedras como el puño.°

Llegó en esto una piedra de arroyo,° y, dándole a don Quijote en un lado, le sepultó° dos costillas en el cuerpo. Viéndose malherido, creyó que estaba muerto, y acordándose del bálsamo de Fierabrás, sacó su alcuza, la puso a la boca, y comenzó a echar el líquido en el estómago. Pero, antes de que acabara de envasar° lo que a él le parecía suficiente, llegó otra pedrada° y le dio en la mano, y en la alcuza, tan de lleno° que la hizo pedazos,° llevándose consigo° tres o cuatro dientes y muelas° de la boca, y machucándole malamente° dos dedos de la mano.

Tales fueron los golpes de las pedradas que don Quijote cayó al suelo. Vinieron a él los pastores, y creyeron que lo habían muerto. Y así, con mucha prisa, recogieron su ganado, y cargaron las ovejas muertas (que eran más de siete), y sin averiguar° otra cosa, partieron. Sancho entonces preguntó a su amo: —¿No le decía yo, señor don Quijote, que se volviera, que a los que vuestra merced iba a atacar no eran ejércitos, sino manadas de carneros?

Don Quijote contestó: —¡Cómo puede hacer desaparecer y aparecer estos ejércitos aquel ladrón del sabio enemigo mío! Él, envidioso° de la gloria que yo iba a alcanzar en esta batalla, ha vuelto° los escuadrones de enemigos en manadas de ovejas. Si no crees, Sancho, y para que veas la verdad, sube a tu asno y síguelos por un trecho,° y verás como al alejarse° se tornan nuevamente las ovejas en caballeros . . .

—Pero no te vayas todavía, porque necesito tu ayuda. Ven a mí y mira cuántas muelas y dientes me faltan,° porque me parece que no me ha quedado uno solo en la boca.

Sancho se llegó tan cerca que casi le metía los ojos° en la boca,[18] y fue al mismo tiempo que obró° el bálsamo en el estómago de don Quijote. Entonces arrojó° de sí, más recio que una escopeta,° cuanto tenía en el estómago y bañó las barbas del compasivo escudero.

Sancho vio que su amo vomitaba sangre, pero al notar el color, sabor y olor, se dio cuenta que era el bálsamo de la alcuza. Tanto fue el asco° de Sancho que revolviéndosele el estómago, vomitó las tripas° sobre su mismo señor. Acudió luego Sancho a su asno para sacar de las alforjas algo con qué limpiarse y con qué curar a su amo, pero no halló nada, porque el ventero se había quedado con las alforjas. Se maldijo° entonces y se propuso° de corazón dejar a su amo y la prometida ínsula, y volver a su tierra.

En esto, se levantó don Quijote, y tomando de las riendas a Rocinante, le dijo a Sancho: —Dios, que es proveedor° de todas las cosas, no nos faltará.° No les falta a los mosquitos del aire, ni a los gusanillos° de la tierra, ni a los

---

Pasó a He stabbed
coraje courage
traspasara he pierced, stabbed

hondas slingshots
saludarle los oídos greet his ears
piedras como el puño stone the size of a fist
piedra de arroyo brook stone (i.e., rounded)
sepultó buried

envasar to swallow
pedrada a blow from a rock
tan de lleno so squarely
la hizo pedazos it broke it into pieces
llevándose consigo taking with it
dientes y muelas teeth and molars
machucándole malamente seriously mauling

averiguar to find out

envidioso envious, jealous

ha vuelto has changed, turned

por un trecho for a while
al alejarse upon distancing themselves

me faltan are missing

metía los ojos stuck his eyes

obró worked

arrojó de sí vomited up
más ... escopeta harder than a shotgun blast

asco revulsion, nausea

tripas intestines

Se maldijo He cursed himself
se propuso he made up his mind

proveedor provider
no nos faltará will not abandon us
gusanillos little worms

renacuajos° del agua. Es tan piadoso° que hace salir su sol sobre los buenos y los malos, y llueve sobre los injustos y justos.[19]

Sancho le contestó: —Vuestra merced es más bueno para predicador° que para caballero andante.[20]

Don Quijote comentó: —De todo deben saber los caballeros andantes.

Sancho dijo entonces: —Así sea. Busquemos luego donde alojarnos. Y quiera Dios que sea donde no haya mantas, ni manteadores, ni fantasmas, ni moros encantados.

Don Quijote le dijo a Sancho que guiara entonces y que él lo seguiría. Sancho siguió entonces por el camino real. Mas a poco trecho,° entraron al monte y después de unas horas de camino, se encontraron en espacioso y escondido valle.

Mas les sucedió otra desgracia,° la que Sancho consideró peor que todas, y fue que no tenía ni vino ni agua. Acosados de sed,° dijo Sancho lo que se dirá en el siguiente capítulo.

renacuajos tadpoles
piadoso compassionate
los injustos y justos the unjust and the just
predicador preacher

a poco trecho soon thereafter

desgracia misfortune

Acosados de sed Overcome with thirst

Notas

1. Don Quijote seems to be making excuses for not helping Sancho.

2. Sancho heard three common Spanish names during his ascents and descents from the tossings of the blanket. It is hard to imagine that Sancho was able to listen to names, last names and even nicknames in such a predicament. Furthermore, he is sure that there was no enchantment. He seems to be saying that the magic (*encantamiento*) was the unwillingness of Don Quijote to help him.

3. *tiempo de cosecha:* Sancho reminds Don Quijote that it is harvest time and that they must return home. This is one of several times when Sancho wants to return home.

   de Ceca a Meca: Ceca was a Moslem center of pilgrimage in the city of Córdoba. Mecca, in Saudi Arabia, is the center of pilgrimage for all Moslems. So, *ir de Ceca a Meca* means to go "from pillar to post." Sancho implies that he and Don Quijote encounter trouble after trouble.

4. *que se los papen duelos:* "throw them to the dogs."

5. *el libro de la Fama:* Fame is one of the ideals pursued by Don Quijote.

6. What follows is a series of humorous names invented by Cervantes. *Alifanfarón:* Ali is a common Arabic name. *Fanfarrón* means "boastful."

7. *Pentapolín: Penta* means "five," and *polín,* "small pole;" *Arremangado Brazo,* with "turned up sleeves."

8. Sancho is becoming more like Don Quijote (Quijotization of Sancho).

9. *Laurcalco: Laur* means "gold;" *calco,* "copy."

10. *Micocolembo: mi coco,* "my bogeyman;" *mico,* "monkey."

11. *Brandabarbarán de Boliche: Brando,* "sword" (Italian); *barbarán,* "barbarian;" *boliche,* "small sea fish" or "gambling house."

12. *tres Arabias:* Arabia was supposed to be made of three parts: stones, desert, and cheerfulness.

13. *Timonel de Carcajona: Timonel* is the "helmsman," or the one who controls the steering mechanism of a ship; *carcajada,* "belly-laugh."

14. *Miulina:* the small meow of a cat.

15. *Alfeñiquén: Alfeñique* is a paste of sugar and almond oil.

16. *Pierres Papín:* is mentioned in *El rufián dichoso,* a play by Cervantes. He is depicted as a French gambler who lived in a red-light district.

17. *Espartafilardo:* Rope is made from a plant called *esparto. Filado* (modern Spanish *hilado*) means "woven."

18. This situation brings to mind the episode in *Lazarillo de Tormes* when the blind man pokes his nose into the mouth of Lazarillo to smell his breath to find out if it smelled like wine.

19. Don Quijote's statements are based on the following Biblical passages: Matthew 5:45, 6:26.

20. Sancho points out, correctly, that Don Quijote is more successful in preaching than in combat.

Preguntas

1. ¿Por qué dijo don Quijote que no había podido ayudar a Sancho? ¿Qué piensa Ud. de esto?

2. ¿Qué escuchó el volador Sancho a pesar de sus violentas subidas y bajadas? Según Sancho, ¿en qué estuvo el encantamiento?

3. ¿Qué sugirió Sancho? ¿Por qué?

4. ¿Cómo respondió don Quijote a esto?

5. ¿Por qué no lo creyó Sancho?

6. ¿Qué prometió don Quijote?

7. ¿Convenció don Quijote a Sancho? ¿Por qué?

8. ¿Qué creyó don Quijote que era la gran polvareda delante de ellos?

9. ¿Qué tenía don Quijote en la cabeza? ¿Qué era en realidad la polvareda?

10. ¿Qué vio don Quijote en su fantasía? ¿Qué nombres de caballeros inventó Cervantes?

11. ¿Cómo interpreta Ud. el efecto en el lector de estos nombres?

12. ¿Por qué creyó Sancho que no podía ver nada?

13. Según don Quijote, ¿por qué no puede ver nada Sancho?

14. Al ver el ataque a sus ovejas, ¿qué hicieron los pastores?

15. ¿Cuál fue el resultado de esas pedradas? ¿Qué hizo don Quijote?

16. ¿Qué sucedió luego?

17. ¿Cómo se explicó don Quijote este incidente?

18. ¿Qué sucedió cuando Sancho metió los ojos en la boca de don Quijote, para ver el daño?

19. Por el asco, ¿qué hizo luego Sancho?

20. ¿Qué prometió luego don Quijote? ¿Qué comentario interesante hizo Sancho?

EPISODIO 5

La aventura de los batanes.°1

batanes fulling mills

Sancho, convencido que debía haber agua para humedecer° la yerba donde estaban, sugirió a su amo que caminaran prado arriba,° donde encontrarían agua para mitigar° su terrible sed. Comenzaron a caminar por el prado a tientas° porque en la oscuridad de la noche no podían ver nada.

humedecer to moisten
prado arriba up the meadow
mitigar quench
a tientas by feel

No anduvieron ni unos doscientos pasos cuando escucharon un gran ruido de agua como de cascada.° Se pararon para determinar de donde provenía el ruido; mas, en ese momento, les llegó a los oídos otro estruendo que les aguó el contento° del agua. Eran unos golpes al compás,° con cierto crujir° de hierros y cadenas,° que pusieran pavor° a cualquier otro corazón que no fuera el de don Quijote.

cascada water fall

aguó el contento spoiled the happiness
al compás rhythmic
cierto crujir certain grinding
de hierros y cadenas of irons and chains
pusieran pavor would terrify

Éste, acompañado de su intrépido corazón, saltó sobre Rocinante y, embrazando su rodela y poniendo su lanza al ristre, dijo: —Yo soy, digo otra vez, quien ha de resucitar a los de la Tabla Redonda,[2] los Doce de Francia y los Nueve de la Fama. Así que° aprieta° un poco las cinchas de Rocinante, y quédate a Dios,° y espérame hasta tres días no más.

Así que So
aprieta tighten
quédate a Dios may God be with you

—Si no vuelvo, tú podrás regresar a nuestra aldea. Entonces irás al Toboso, donde dirás a la incomparable señora mía Dulcinea que su caballero murió acometiendo cosas que lo hicieran digno de llamarse suyo.

Cuando Sancho oyó las palabras de su amo, comenzó a llorar con la mayor ternura° del mundo, y a decirle que no es bueno tentarle° a Dios acometiendo tan desaforada° empresa, de la cual no podrá escaparse sino por milagro. Le dijo que salió de su tierra dejando a sus hijos y mujer para servirlo, y creyendo valer más, no menos.

ternura tenderness
tentarle a Dios to provoke the anger of God
desaforada reckless

Añadió que la codicia° le había rasgado las esperanzas° de alcanzar aquella negra ínsula[3] que tantas veces le había prometido. Ahora, dijo Sancho, que como pago por todo, lo quería dejar don Quijote solo, en un lugar tan apartado de ser humano.° Le pidió encarecidamente° que dilatara° su partida a lo menos hasta la mañana. Don Quijote no lo consintió° y le dijo nuevamente a Sancho que apretara bien las cinchas a Rocinante.

codicia greed
rasgado las esperanzas spoiled his hopes

apartado de ser humano far away from humans
encarecidamente earnestly
dilatara postpone
no lo consintió he did not grant it

Entonces Sancho, valiéndose° de toda su industria, mientras apretaba las cinchas a Rocinante, bonitamente° y sin ser sentido° ató con el cabestro de su asno ambas° patas de Rocinante, de manera que cuando don Quijote quiso partir no pudo, porque el caballo no se podía mover sino a saltos.° Sancho, al ver el buen suceso de su embuste,° le dijo a don Quijote que el cielo lo quería así, y que no debía porfiar.°

valiéndose making use
bonitamente carefully, neatly
sin ser sentido without being felt (heard)
ambas both
a saltos hopping
embuste deceit
porfiar persist

Don Quijote estaba desesperado por salir, y por más que espoleaba° a su caballo, menos lo podía mover, y sin darse cuenta de las ligaduras,° decidió esperar a que amaneciera.

espoleaba spurred

ligaduras bindings (of the legs of Rocinante)

Don Quijote no sospechó que Sancho había sido la causa de su demora,° y le dijo que quedaría a caballo° hasta el reír del alba.° Sancho, muy medroso, se abrazó del muslo° de don Quijote, sin osarse° a apartarse° de él ni un solo dedo.° Tal era° el miedo que tenía a los golpes, que todavía sonaban rítmicamente.

demora delay
a caballo on horseback
reír del alba daybreak
se abrazó del muslo he embraced the thigh
sin osarse without daring
apartarse to move away
ni un solo dedo not even a finger length
Tal era Such was
Érase que se era Once upon a time . . .

El hidalgo caballero le pidió a Sancho que, para pasar el tiempo, le contara un cuento. Sancho respondió que así lo haría si el miedo lo permitía, y así comenzó: —"Érase que se era,° y fue una sentencia de Catón Zonzorino[4] el romano, que dice, 'El mal, para quien lo vaya a buscar.'[5] Esto viene aquí como anillo al dedo,° para que vuestra merced se quede y no vaya a buscar el mal en otra parte. Pues, en un lugar de Extremadura,[6] había una vez un pastor que se llamaba Lope Ruiz. Él estaba enamorado de una pastora que se llamaba Torralba. Ella era hija de un ganadero° rico, y éste era . . .”

Don Quijote dijo entonces: —Si así cuentas tu cuento, Sancho, repitiendo dos veces lo que vas diciendo, no acabarás en dos días.

Sancho continuó: —Así lo cuento yo, y así se cuentan en mi tierra los cuentos.

Don Quijote repuso: —Prosigue con tu cuento, porque la suerte quiere que yo no pueda dejar de escucharte.

Sancho prosiguió: —“Así es, señor mío de mi alma,° que Torralba era una moza rolliza,° algo hombruna,° porque tenía unos pocos bigotes.”°

Don Quijote preguntó: —¿La conociste tú?

Sancho le aseguró entonces: —No señor, pero quien me lo contó aseguró que podía jurar que era cierto lo que había visto. “Así, pasando los días, el diablo, que nunca duerme, hizo que el amor se trocara° en rencor.° Y la causa fue que ella le dio una serie de pequeños celos.° Y tantos fueron, que Lope decidió ausentarse de esa tierra, e irse donde nunca más la viera. Torralba, al verse desdeñada, lo amó más que nunca.”

Don Quijote interrumpió diciendo: —Esa es la condición natural de las mujeres. Ellas desdeñan a quien las ama, y aman a quienes las desdeñan.[7] Prosigue, Sancho.

Sancho prosiguió: —“Sucedió entonces que el pastor se marchó para Portugal con sus cabras.° Cuando Torralba lo supo, se fue trás de él, y lo seguía a la distancia, con un bordón° en la mano y unas alforjas al cuello. Llevaba en las alforjas un pedazo de espejo° y un peine.° Llegó el pastor hasta el río Guadiana,[8] que estaba muy crecido.° No había en ese lugar ni barcos, ni quien le ayudara a pasar el río a él ni a su ganado.

—El pastor vio que Torralba venía muy cerca, y que le daría mucha pesadumbre con sus ruegos.° De improviso,° vio que había un pescador° quien tenía un barco tan pequeño que solamente podían caber en él una persona y una cabra. A pesar de todo esto, le contrató para que los pasara a él y a trescientas cabras que llevaba. Entró el pescador en el barco, y pasó una cabra; volvió, y pasó otra.”

—Cuente vuestra merced, don Quijote, las cabras, porque si se pierde la cuenta, se acabará el cuento.

Don Quijote ordenó: —¡Haz cuenta° que el pescador las pasó a todas, porque no acabarás en un año!

Sancho preguntó: —¿Cuántas han pasado hasta ahora?

Don Quijote replicó: —Yo, ¿qué diablos sé?

---

anillo al dedo like a ring on a finger

ganadero rancher

señor mío de mi alma lord of my soul
rolliza plump
hombruna masculine
pocos bigotes a small mustache

se trocara turn into
rencor hatred
celos jealousies

cabras goats
bordón staff
pedazo de espejo a piece of a mirror
peine comb
crecido swollen

ruegos pleadings
De improviso Suddenly
pescador fisherman

Haz cuenta Pretend

Sancho concluyó: —Pues aquí se acaba el cuento. ¿No le dije que tenía que contar bien?

Don Quijote le dijo entonces: —¿Es esencial a la historia saber cuántas cabras han pasado?

Sancho dijo entonces: —Sí señor, porque cuando vuestra merced me respondió que no sabía, se me fue de la memoria° el resto de la historia.

En eso estaban cuando, o por el frío de la mañana, o porque a Sancho le fuera natural,° le vino el deseo de hacer lo que otro no pudiera hacer por él.[9] Mas tenía tanto miedo, que no osaba separarse ni una uña° de su amo. Pues, pensar no hacer lo que tenía que hacer, no era posible. Entonces, con gran sigilo,° soltó la mano derecha del muslo de don Quijote, deshizo el nudo° de sus calzones,° y dejó que la naturaleza siga su curso. Vino a hacer, pues, un poco de ruido. Don Quijote preguntó entonces: —¿Y qué rumor es ése?°

Sancho dijo que no sabía, y que debía ser alguna nueva aventura y desventura. Mas, como don Quijote tenía el sentido del olfato tan vivo° como el de los oídos,° y como los vapores, subiendo casi en línea recta° llegaron a sus narices, don Quijote fue a su socorro,° apretándolas° entre sus dos dedos. Le dijo en ese punto a Sancho: —Me parece, Sancho, que tienes mucho miedo.

Sancho le respondió: —Mas, ¿cómo nota vuestra merced ahora más que nunca?

Don Quijote explicó: —Porque ahora hueles° más que nunca, y no a ámbar.°

Sancho se defendió diciendo: —Bien podrá ser, mas yo no tengo la culpa, porque vuestra merced me trae, en mala hora, por estos desolados lugares.

Don Quijote le ordenó a Sancho, sin quitarse los dedos de las narices: —Retírate° unos pasos de aquí, y respétame° en el futuro. La mucha conversación que tengo contigo ha causado este menosprecio.°[10]

Sancho trató de mentir diciendo: —Apuesto° que vuestra merced cree que he hecho alguna cosa que no debiera.

Don Quijote afirmó: —Peor es menearlo,°[11] amigo Sancho.

En estos coloquios° se pasaron la noche el amo y su mozo. Mas cuando ya amanecía, Sancho desató el cabestro de los pies de Rocinante y se ató sus calzones. Rocinante, al verse suelto,° comenzó a dar manotadas,° porque no sabía hacer corvetas.°[12]

Don Quijote, al ver que Rocinante se movía, lo tuvo por señal de que debía acometer esa temerosa aventura. Así, ordenó a Sancho que lo esperara por tres días. Y si él no regresaba, Sancho debería regresar a dar la noticia de su muerte a su señora Dulcinea.

Sobre la paga° de sus servicios, dijo que ya le había dejado en su testamento° una cantidad para compensarlo. Ahora, si salía con felicidad,° le daría la ínsula prometida.

Caminaron un trecho, y entonces entraron en un prado al pie de unas altas

se me fue de la memoria escaped my memory, I forgot

le fuera natural was a natural function
ni una uña not even the space of a fingernail

gran sigilo great care
deshizo el nudo untied the knot
calzones pants
¿Y qué rumor es ése? And what gentle sound is that?

el sentido ... vivo such a keen sense of smell
oídos hearing
línea recta straight line
a su socorro to help them (his nostrils)
apretándolas pinching them

hueles you smell
ámbar ambergris (perfume)

Retírate Back off
respétame respect me
menosprecio disrespect
Apuesto I bet

Peor es menearlo It is worse to stir it up
coloquios discussions

al verse suelto upon finding himself free
comenzó a dar manotadas began pawing the ground
hacer corvetas cut capers

la paga the salary
testamento will
salía con felicidad if he were successful

peñas, de las cuales se precipitaba una gran cascada. Al pie de las peñas estaban unas casas en ruinas, y aquel estruendo y golpear salía de ese lugar.

Se acercaron al lugar don Quijote y Sancho y, ¡oh, lector!,° no eran sino seis mazos° de molino de batán que daban golpes y producían todo aquel estruendo.

Cuando don Quijote vio lo que era, enmudeció° e inclinó la cabeza sobre el pecho, con muestras de estar corrido.° Miró entonces a Sancho, y vio que estaba por reventar° de risa; no obstante, más pudo° la risa que la melancolía, y don Quijote comenzó a reír. Al ver que su amo se reía, Sancho soltó su gran carcajada, sosteniendo su panza° para no reventar. Lo hizo tan repetidas veces, que su amo se impacientó tanto de esa burla a él,° que alzando su lanza, le asentó dos palazos.° Fueron tan recios° que si no le dieran en las espaldas, y le dieran en la cabeza, hubieran terminado allí sus días.[13]

Sancho pidió merced entonces: —Señor, ¡sosiéguese,° por Dios!

Don Quijote respondió: —Ven acá, señor alegre:° ¿Te parece que si éstos no fueran mazos de batán y fueran otra peligrosa aventura, yo no la habría acometido? ¿Debo yo, como caballero, saber cuáles son los sonidos del batán?[14] La verdad es que no los he visto en mi vida. Tú los habrás visto, como villano ruin° que eres. Tú habrás nacido y crecido entre batanes. Si no, haz que se conviertan en seis gigantes y verás cómo los doy con todos patas arriba.°

Sancho contestó: —Confieso que he estado demasiado risueño.° Empero, ¿no ha sido cosa de risa y digna de contar lo que nos ha sucedido?

Don Quijote negó este punto y dijo: —No niego que lo que nos sucedió es digno de risa; sin embargo, no merece ser contado, porque no son todas las personas tan discretas° que sepan poner las cosas en perspectiva.

—Además, te advierto, Sancho, que de aquí en adelante te abstengas de° hablar mucho conmigo, porque nunca he leído en ninguno de los muchos libros de caballerías, que ningún escudero hablara tanto con su señor como tú con el tuyo.[15]

Sancho estuvo de acuerdo con lo dicho, y preguntó luego: —Querría yo saber cuánto ganaba un escudero de un caballero andante en aquellos tiempos. ¿Ganaban por mes, o por días?

Don Quijote contestó: —Jamás los tales escuderos estuvieron a salario, sino a merced.° Y si yo te he puesto en mi testamento, es por lo que podía suceder. No querría que por pocas cosas penara° mi alma en el otro mundo.[16]

Sancho aseguró: —Bien puede estar vuestra merced seguro que de aquí en adelante no abriré mis labios para hacer donaires° de sus cosas. Sólo los despegaré° para honrarlo como a mi amo y señor.[17]

Don Quijote replicó: —De esa manera vivirás bien, porque después de los padres se ha de respetar a los amos como si lo fueran.[18]

¡oh, lector! ¡oh, reader!

mazos mallets, wooden hammers

enmudeció he became silent

corrido embarrassed

reventar to burst
más pudo prevailed

sosteniendo su panza holding on to his belly
burla a él mockery of him
le asentó dos palazos gave him two blows
recios hard
sosiéguese calm down

señor alegre joyful fellow

villano ruin rotten peasant
los ... patas arriba I'll turn them upside down
risueño happy

discretas prudent, discreet

te abstengas de abstain from

a merced for favors
penara suffer

donaires fun, witty sayings
despegaré will open

Notas

1. *batanes:* Fulling mills were machines used in finishing cloth. The cloth was folded and soaked in a special mixture of water, urine, soap, and a special clay. The cloth then was laid in a trough. A series of heavy wooden hammers pounded the cloth for many hours at a time, flattening and polishing it. The hammers were raised straight up and dropped, one after another. They were driven by a cogwheel which was moved by a water fall. The hammers and the rushing water produced a steady rhythm and a thunderous noise.

2. *Tabla Redonda:* King Arthur and the Knights of the Round Table. Arthur was a legendary king of Wales, who lived in the sixth century A.D. His knights were so perfect that they were entitled to guard the Holy Grail, which was believed to hold Christ's blood.

3. *negra ínsula:* This phrase reminds us of the *negra orden de caballería* indicating that in its pursuit, a lot of misfortunes had happened (See Part I, Ch. 10, Note 2).

4. *Catón Zonzorino:* Sancho is referring to Cato the Censor who was a Roman historian, and lived between 234 and 139 B.C. Sancho's malapropism of censor, *zonzo,* means "stupid."

5. *'el mal . . .':* Popular saying in Spanish, equivalent to "Go for wool and come back shorn."

6. *Extremadura:* Region in south central Spain, where the provinces of Badajoz and Cáceres are located.

7. *Ellas desdeñan a quien las ama . . . :* This is an ancient prejudice that appears in many cultures.

8. *el río Guadiana:* One of the five main rivers of Spain which serves as the southern boundary between Spain and Portugal. The other rivers are: the Duero, the Ebro, the Tagus, and the Guadalquivir.

9. *el deseo de hacer . . . :* Sancho needs to relieve himself.

10. Don Quijote feels that there is excessive familiarity between him and Sancho and he sees this as improper.

11. Don Quijote means "Don't stir it Sancho," in the sense that he should stop talking about it. In Francisco de Quevedo's poem "A la pavura de los condes de Carrión," the Cid tells one count ". . . la caca, conde, callarla." This was a popular saying.

12. *no sabía hacer corvetas:* Rocinante is depicted as a nag, the opposite of a spirited horse.

13. It is interesting to note the human aspect of Don Quijote. First, he is embarrassed, then he bursts into open laughter. Note that Sancho's excessive laughter brings humiliation to Don Quijote, and punishment to Sancho.

14. During this period there were many fulling mills (*batanes*) in La Mancha. It is unlikely that Don Quijote had never seen one.

15. Don Quijote feels that he has strayed from his decorum as a knight errant, and he must silence Sancho.

16. Don Quijote entices Sancho, by saying that Sancho will be benefited in his will.

17. Don Quijote's scheme works.

18. During this time, there were definite roles for everyone in society. (See Alfonso X's *El libro de los estados.*) This is also a reference to the Fourth Commandment: "Honor your father and your mother."

Preguntas

1. ¿Qué buscaban don Quijote y Sancho en la oscuridad de la noche?

2. ¿Qué les aguó el contento del agua? ¿Qué hizo y qué dijo don Quijote?

3. ¿Cómo reaccionó Sancho? ¿Qué pidió y qué reconoció Sancho?

4. Al negarse don Quijote, ¿qué hizo el astuto Sancho? ¿Dónde y cómo pasaron la noche don Quijote y Sancho?

5. ¿Qué pidió don Quijote? ¿Qué le contó Sancho?

6. ¿Qué hacía frecuentemente don Quijote mientras Sancho contaba su cuento?

7. ¿Cómo era Torralba?

8. ¿Por qué se ausentó Lope de esa tierra?

9. ¿Qué sucedió cuando Sancho le preguntó a don Quijote cuántas cabras habían pasado el río?

10. ¿Qué deseo le vino a Sancho por el frío de la mañana?

11. ¿Qué comentó don Quijote?

12. ¿Qué concluyó don Quijote? ¿Qué ordenó?

13. ¿Qué trata de hacer el escudero?

14. ¿Qué sucedió luego?

15. ¿Qué encontraron al pie de unas peñas?

16. ¿Cómo reaccionaron don Quijote y Sancho?

EPISODIO 6

La aventura del yelmo° de Mambrino.¹

yelmo helmet

Salieron pues° don Quijote y Sancho por el camino y torcieron° a mano derecha. De allí a poco,° descubrió don Quijote un hombre a caballo que traía en la cabeza una cosa que relumbraba° como si fuera de oro. Entonces don Quijote le dijo a Sancho: —Bien dice el refrán "Donde una puerta se cierra, otra se abre."² Aquí hay otra mejor aventura. Digo esto, porque, si no me engaño, viene hacia nosotros uno que trae puesto en su cabeza el yelmo de Mambrino, sobre el que yo hice el juramento° que tú sabes.

Salieron pues They left then
torcieron turned
De allí a poco Soon thereafter
relumbraba glittered

juramento oath

Sancho replicó: —Mire bien lo que hace, porque no quisiera que fueran otros batanes que nos acabaran de aporrear° el sentido. Vuestra merced puede engañarse en lo que dice.

aporrear to maul

Don Quijote preguntó: —¿Cómo me puedo engañar en lo que digo? Dime, ¿no ves a aquél caballero que viene hacia nosotros sobre un caballo pardo° con manchas oscuras,° que trae puesto en la cabeza un yelmo de oro?

pardo grey-brown

manchas oscuras dark spots

Sancho respondió: —Lo que yo veo no es sino un hombre sobre un asno que trae sobre la cabeza una cosa que relumbra.³

Don Quijote le aseguró: —Pues ése es el yelmo de Mambrino. Apártate y déjame a solas° con él. Verás cómo sin hablar una sola palabra, concluyo esta aventura, y será mío el yelmo que tanto he deseado.

déjame a solas leave me alone

Sancho entonces calló. Es, pues, el caso que el yelmo, el caballero y el caballo que don Quijote veía, se lo podía explicar de la siguiente manera. En aquel contorno° había dos aldeas, la una tan pequeña que no tenía ni botica° ni barbero. La otra, que estaba cerca, sí los tenía. Y así el barbero de la aldea más grande servía a la más pequeña.

En aquel contorno In those surroundings
botica pharmacy

En la más pequeña hubo necesidad de hacer unas sangrías° a un enfermo,[4] y otro necesitaba hacerse la barba.° Por esta razón venía el barbero, y llevaba la bacía[5] puesta sobre la cabeza, porque lloviznaba.° La bacía, que estaba limpia, relumbraba a la distancia.

sangrías bleedings

hacerse la barba to get a shave

lloviznaba it was drizzling

Cuando don Quijote vio que el pobre caballero se acercaba, sin darle ninguna razón, a todo correr° de Rocinante, lo atacó con la lanza baja, con toda la intención de pasarlo de parte a parte.° Sin detener la furia de su carrera, le dijo: —¡Defiéndete cautiva° criatura, o entrégame° de tu voluntad° lo que es mío!

a todo correr at full gallop

pasarlo de parte a parte run him through
cautiva captive in the land of the Moors
entrégame give to me
de tu voluntad willingly

El barbero, al ver venir aquel fantasma con su lanza sobre sí, no tuvo otro remedio que deslizarse° al suelo de su cabalgadura.° Y no hubo tocado al suelo, cuando se levantó, más ligero que un gamo,° y comenzó a correr por aquel llano, tan veloz° que no lo alcanzara° el viento.

deslizarse to slide down
cabalgadura mount
más ligero que un gamo faster than a deer
tan veloz so fast
alcanzara catch

Dejó la bacía en el suelo, con lo cual don Quijote se contentó. Mandó luego a Sancho que recogiera el yelmo. Sancho lo recogió y dijo que era una buena bacía, y que debía valer ocho reales. La dio luego a su amo, quien se la puso en la cabeza. La rodeó° de una parte a otra sin conseguir que encajara.°

La rodeó He turned it around
que encajara a good fit
pagano pagan, i.e., Mambrino, the Moorish king
se forjó was forged

Dijo entonces don Quijote que sin duda aquel pagano° para quien se forjó° el yelmo, debía tener una cabeza enorme, y lo peor era que le faltaba la mitad. Sancho no pudo contener su risa; mas recordando la ira de su amo, calló en la mitad de ella.

Don Quijote dijo entonces que seguramente ese yelmo estuvo en manos de quien no sabía su valor, y que sin saber lo que hacía, fundió una mitad,° por el valor de ese oro purísimo. Y con la otra mitad hizo eso, que parecía bacía.

fundió la mitad melted half of it

Prometió entonces que en el primer lugar donde encontraran un herrero,° lo haría refundir° tal cual como lo hicieron Vulcano y Marte.[6] Mientras tanto, lo usaría lo mejor que pudiera, y le valdría hasta para defenderse de una pedrada.[7]

herrero smith, one who forges iron
refundir melt again

Sancho entonces preguntó a don Quijote: —Dígame vuestra merced, ¿qué haremos de este caballo pardo con manchas oscuras, que me parece que no es sino un asno pardo que dejó aquel Martino?[8]

Don Quijote respondió: —Sancho, no es uso en la caballería despojar° a los vencidos° de sus caballos y dejarlos a pie. Así que, deja aquí ese caballo, o asno, o lo que tú quieras. Su dueño vendrá por él en cuanto nos vea partir.[9]

despojar despoil

vencidos vanquished

Sancho comentó: —Me gustaría cambiar mi asno por ése, pero las leyes de caballería son muy estrictas. ¿Podré trocar° los aparejos° por lo menos?

trocar to exchange
aparejos supplies

Don Quijote dijo entonces: —No estoy muy seguro de eso, y hasta que me informe mejor, puedes trocar si tienes gran necesidad de esos aparejos.

Sancho desplumó entonces el contenido de las alforjas del jumento del barbero. Almorzaron luego del contenido de ellas, y bebieron el agua del arroyo de los batanes. Una vez satisfechos, subieron sobre sus cabalgaduras y dejaron que Rocinante los llevara donde su voluntad quisiera, por ser caballeros andantes.

En el camino dijo Sancho: —¿Me da licencia para romper el juramento de silencio?

Don Quijote repuso: —Habla, y sé breve en tus razonamientos.°

Sancho preguntó de inmediato:° —¿No sería mejor que fuéramos a servir a algún emperador o a otro príncipe grande que tenga alguna guerra?° Así, a su servicio, su merced podría mostrar el valor de su persona. De esta manera por fuerza nos había de remunerar.°

—No faltará° allí quien ponga por escrito sus hazañas, para perpetua memoria. De mis hazañas como escudero, no digo nada. Aunque si se usa en la caballería escribir hazañas de escuderos, las mías no quedarán entre renglones.°10

Don Quijote le explicó: —Es menester que andemos por el mundo, como en aprobación,° buscando aventuras. Entonces, al cobrar° tal nombre y fama, cuando se vaya a la corte de algún gran monarca, todos lo rodearán° y seguirán diciendo: "Este es el caballero del Sol, quien venció en singular batalla al gigante Brocabruno; o el que desencantó al Gran Mameluco de Persia de su encantamiento de novecientos años."11

—Entonces el monarca al reconocerlo dirá, "Salgan todos mis caballeros a recibir a la flor de la caballería, que allí viene." Entonces todos saldrán, y él llegará a la mitad de la escalera y el monarca lo abrazará y lo besará en el rostro.

—Luego lo llevará de la mano a la cámara° de la reina, donde el caballero verá por primera vez a su hija, una bella princesa, de quien se enamorará.

—Esa noche lo hospedarán en una rica habitación, y luego cenará con el monarca, la reina y la princesa. Durante la cena, el caballero no quitará los ojos de la princesa, y ella lo mirará de la misma manera pero disimuladamente.°

—Al fin de la cena, entrará en la sala un feo enano, con una hermosa doncella entre dos gigantes. Ella traerá una aventura diseñada° por un antiquísimo° sabio, la cual podrá ser acabada° solamente por el mejor caballero del mundo.

—Todos probarán acabarla, pero sólo la dará fin el caballero. Luego el monarca hará guerra contra otro tan poderoso como él. El caballero se despedirá de la princesa al pie de las rejas° de su ventana. Ella se desmayará.°

—Él entonces batallará por el monarca. Ella, melancólica y adolorida, informa a sus padres de su secreto dolor.

—El caballero gana todas las batallas y regresa vencedor. Ve a su señora y deciden que pedirá la mano,° pero el monarca la niega porque no sabe quien es. Pero de cualquier manera, la infanta° viene a ser° su esposa, y el monarca lo tiene en gran estima.° Se sabe finalmente que el caballero es hijo de un rey de no sé qué reino.

—Muere el monarca, la princesa hereda,° y el caballero es coronado rey. Aquí es donde el caballero hace favores° a su escudero. Lo casa con una de las doncellas de la princesa, quien es hija de un gran duque.

---

razonamientos reasonings

de inmediato promptly

alguna guerra some war

remunerar to pay

No faltará There won't be lacking

entre renglones between the lines

en aprobación on approval
al cobrar on gaining
rodearán will surround him

cámara chamber

disimuladamente concealing it

diseñada designed
antiquísimo ancient
acabada concluded

al pie de las rejas at the foot of the grillwork
se desmayará she will faint

pedirá la mano he will ask for her hand in marriage
infanta princess
viene a ser becomes
estima regard, esteem

hereda inherits

hace favores gives rewards

Sancho respondió con entusiasmo: —¡Qué esto ocurra° de esta misma manera y al pie de la letra!°

Don Quijote le aseguró: —¡No lo dudes Sancho! Porque así han subido° los caballeros andantes a ser reyes y emperadores. Sólo tenemos que buscar un rey, con hija hermosa, y una guerra donde hacer batalla.

Sancho dijo entonces: —Así sea.° Vuestra merced procurará ser rey, y hacerme conde.

Don Quijote respondió: —Así será.

Y alzando los ojos, vio lo que se dirá en el siguiente capítulo.

Qué esto ocurra I hope this happens
al pie de la letra to the letter
han subido have risen

Así sea. Let it be so.

Notas

1. *yelmo de Mambrino:* In the *Orlando Innamorato* by Boiardo, there is a Moorish king named Mambrino, whose enchanted helmet had the property of protecting its owner from any harm. This helmet was coveted by many knights and was finally won by Reinaldos de Montalbán.

2. This is a popular saying: "When one door closes, another one opens."

3. Notice the recurring theme of what appears to be, and what it is. We have already seen that the juxtaposition of reality and fantasy is a recurring theme in the novel. Sancho, the realist, reports what he sees and Don Quijote, the mad man, explains what he (Don Quijote) imagines that he sees. In this episode however the line between reality and fantasy becomes less clearly defined. The golden object shining in the distance is a barber's basin, but at the moment when Sancho and Don Quijote first gaze upon it, it is functioning as a hat (*yelmo*). Therefore, is it a barber's basin or is it a hat? Obviously, it is both.

4. Barbers were also surgeons at this time. Besides giving shaves and haircuts, they did dental work (pulled teeth), and performed bleedings, *sangrías.*

5. *bacía:* a brass basin for shaving, shaped like a hat, with a cut out so it could be fitted against a man's throat.

6. *Vulcano y Marte:* Vulcan was the god of fire. Mars was the god of war.

7. *defenderse de una pedrada:* Don Quijote knows that he is exposed to stoning, a favorite way of combat among peasants, as we have seen before. This form of combat was alien to chivalry.

8. *Martino:* Warrior, and also a malapropism for Mambrino.

9. Don Quijote deals with two realities here. The *caballero* on foot, and the owner *dueño* of the donkey.

10. Sancho is as crazy as don Quijote. He has entered fully into Don Quijote's world.

11. *Mameluco de Persia:* The Mameluco was from Egypt, not from Persia, and he wasn't famous.

Preguntas

1. ¿Qué vio don Quijote en el camino? ¿Qué supuso?

2. ¿Cómo se podía explicar el yelmo que don Quijote veía?

3. ¿Qué hizo don Quijote? ¿Qué hizo el barbero?

4. ¿Qué hizo luego don Quijote con la bacía? ¿Qué hará con ella en el futuro?

5. ¿Qué quiso Sancho? ¿Qué hicieron luego los dos?

6. Cuando Sancho le sugiere a don Quijote que se pongan al servicio de algún emperador, ¿qué relata don Quijote?

7. ¿Qué quiere ser Sancho?

EPISODIO 7

El episodio de los galeotes.°

galeotes galley slaves (i.e., ship's oarsmen)

Cuenta Cide Hamete Benengeli, autor arábigo y manchego,[1] que don Quijote alzó los ojos y vio que venían por el camino doce hombres a pie. Venían ensartados° por el cuello,° como cuentas,° en una gran cadena° de hierro. Todos tenían esposas° en las manos. Venían asimismo° con ellos dos hombres a caballo armados, con escopetas,° y otros dos, con espadas, a pie. Cuando los vio Sancho dijo: —Esos encadenados° son galeotes, gente forzada° a ir a las galeras° por el rey.

ensartados strung
por el cuello by the neck
como cuentas like beads
cadena chain
esposas handcuffs
asimismo likewise
escopetas guns
encadenados chained people
forzada sentenced, forced
galeras galleys, ships with oars

Don Quijote preguntó: —¿Cómo puede ser que el rey haga fuerza° a ninguna gente?

haga fuerza holds by force

Sancho respondió: —No dije eso, sino que esa gente va condenada° por el rey a servir en las galeras por sus delitos.°

condenada condemned

delitos crimes

Don Quijote replicó: —Como quiera que sea eso,° esa gente va por fuerza y no de su voluntad.° De esa manera, aquí encaja° la ejecución de mi oficio,° que es deshacer las fuerzas y socorrer a los miserables.°

Como ... eso However that may be
no de su voluntad not of their own free will
aquí encaja here fits
oficio job
miserables wretched

Sancho dijo: —Advierta° vuestra merced que la justicia, que es el rey mismo,° no hace fuerza a tal gente, sino que castiga sus delitos.°

Advierta Note
mismo himself
delitos crimes

En esto, llegó la cadena, y don Quijote pidió a los guardas que le dijeran la causa por qué llevaban así a aquella gente. Uno de ellos dijo entonces que eran galeotes, y que no había más que decir, ni él tenía más que saber.° Con todo eso, don Quijote le dijo que quería saber la causa de la desgracia de cada uno de los galeotes.

ni él tenía más que saber nor was it any of his business

Don Quijote, para convencerlos, les dio a los guardas tantas y tan comedidas° razones, que el otro guarda accedió° al fin, diciéndole que preguntara él mismo a los galeotes.

comedidas courteous
accedió agreed

Con esta licencia, se llegó a los galeotes y preguntó al primero, que era un mozo° de unos veinticuatro años, por qué pecados° iba de tan mala guisa.° Él le respondió que por enamorado.°2 Don Quijote dijo entonces que si por enamorados echaban en las galeras, él mismo estaría en ellas ya por muchos días. El galeote respondió que no eran amores como los de don Quijote, sino que él quiso tanto a una canasta llena de ropa,° que la abrazó tan fuertemente,° que hasta ahora la hubiera tenido consigo,° si la justicia° no se la hubiera quitado.

mozo young lad
pecados sins
mala guisa sad state
enamorado being in love

canasta llena de ropa a basket full of clothes
abrazó tan fuertemente he embraced so tightly
consigo with himself
la justicia the authorities, the law

De seguido, don Quijote preguntó al segundo la razón de su sentencia. El segundo no respondió palabra, porque iba triste y melancólico. Entonces, el primero respondió que aquél° iba por canario° o músico y cantor.° Don Quijote le preguntó cómo podía ser que por músicos y cantores fueran a las galeras.

aquél the latter
canario canary (i.e., singing like a canary, blowing the whistle)
cantor singer

Uno de los guardas le explicó a don Quijote que entre esa gente, no santa,° cantar quiere decir confesar bajo tormento.° Entonces explicó que el segundo galeote era cuatrero,° e iba por seis años a las galeras. Dijo que iba triste porque los otros galeotes detestaban a los cantores, porque no tienen ánimo° de decir no.

no santa not saintly, unholy
tormento torture
cuatrero horse thief
no tiene ánimo haven't the courage

Don Quijote pasó al tercero, y preguntó lo mismo. Él respondió con mucho desenfado° que iba a las galeras por cinco años porque le faltaron diez ducados.3 Don Quijote ofreció darle veinte para librarlo° de las galeras. El tercero respondió que era muy tarde, porque los necesitó para sobornar° al escribano y al procurador.4

desenfado shamelessly
librarlo to free him
sobornar to bribe

Pasó don Quijote al cuarto, que era un hombre de rostro venerable, con una barba blanca que le llegaba al pecho.° Éste, al oír preguntar la causa de su

pecho chest

. . . llegó a la cadena, y don Quijote pidió a los guardas que le dijeran la causa
por qué llevaban así a aquella gente.

sentencia, comenzó a llorar y no respondió palabra. Mas el quinto condenado le sirvió de lengua° y dijo que era intermediario en préstamos monetarios,° alcahuete° y hechicero.°

Don Quijote comentó que le parecía que no merecía ir a las galeras, sino ser capitán de ellas, porque el oficio de alcahuete es un oficio de discretos.° Entonces volvió a llorar el del rostro venerable. Sancho sintió compasión por él y le dio un real de limosna.°

Don Quijote pasó adelante y preguntó al quinto galeote la razón de su sentencia. Éste dijo que estaba allí porque se había burlado° tanto con dos primas hermanas° suyas, y otras dos que no lo eran, que fue padre de muchos niños. Todo se probó,° y se lo sentenció por seis años.

Detrás de estos venía un hombre de muy buen parecer,° de unos treinta años de edad. Era algo bizco.° Este llevaba además una cadena tan grande que se liaba a° todo el cuerpo y estaba cerrada con un grueso candado.° Don Quijote preguntó por qué iba aquel hombre con tantas seguridades.° El guarda respondió que era porque ése tenía más delitos que todos los otros juntos. Dijo que temían que se les huyera.° Añadió que iba por diez años, y que era el famoso Ginés de Pasamonte.[5]

Ginés habló entonces diciendo que estaba cansado de oír sobre vidas ajenas,° y que si don Quijote quería leer sobre la suya, Ginés había escrito *La vida de Ginés de Pasamonte*. Dijo que el libro era tan bueno que le daría un mal año° a *Lazarillo de Tormes*.[6]

Ginés continuó diciendo que las desdichas siempre persiguen° al buen ingenio.° Uno de los guardas dijo que las desdichas persiguen a los bellacos.° Ginés le dijo que la vara° que le había dado el rey era para que los guiara° y no para que maltratara° a los pobres.

Entonces el guarda alzó° la vara para dar a Pasamonte en respuesta a sus razones. Don Quijote se interpuso° y le rogó que no lo maltratara. Y volviéndose a los galeotes dijo: —Hermanos carísimos,° de todo lo que me han dicho ustedes, he sacado en limpio° que, aunque los han castigado por sus culpas, las sentencias que van a padecer° no son de su gusto,° y van ustedes de mala gana° y contra su voluntad.

—El torcido juicio° del juez ha sido la causa de la condena de ustedes, y por todo esto, me veo forzado° a mostrarles la razón por la cual el Cielo me arrojó° al mundo; esto es, para profesar la orden de la caballería. En ella hice el voto° de favorecer a los menesterosos. Pero la prudencia requiere que lo que se puede hacer por las buenas,° no se haga por las malas.°

Don Quijote entonces se dirigió a los guardas y dijo: —Les ruego señores guardianes y señor comisario° que se sirvan desatar° y dejar ir en paz a estos galeotes. No faltarán otros que sirvan al rey en mejores ocasiones. Me parece que no se debe hacer esclavos° a quienes Dios y la naturaleza hizo libres.

---

sirvió de lengua served as his spokesman
préstamos monetarios loans (i.e., go-between for a loan shark)
alcahuete procurer
hechicero warlock, wizard
discretos discreet people
de limosna charity

burlado had fun

primas hermanas first cousins

Todo se probó Everything was proven
buen parecer good looking
algo bizco somewhat cross-eyed
se liaba a it tied up
grueso candado thick padlock
seguridades precautions

huyera would flee

ajenas other people's

daría un mal año would give a bad year (of sales)

persiguen follow
buen ingenio creative mind
bellacos rascals
vara staff of authority
guiara would guide
maltratara mistreat
alzó raised
se interpuso put himself in between
Hermanos carísimos My very dear brothers
he sacado en limpio I have concluded
padecer to suffer
de su gusto to your liking
mala gana unwillingly
torcido juicio twisted judgement
me veo forzado I see myself obliged
me arrojó cast me
hice el voto I made the vow
hacer por las buenas to do willingly
por las malas unwillingly

comisario commissioner, deputy
se sirvan desatar to please undo
esclavos slaves

Además, estos pobres no han cometido nada° contra ustedes. Hay un Dios en el cielo, que no se descuida° de castigar al malo ni de premiar° al bueno.

—Les pido esto con toda mansedumbre° y sosiego,° para que yo tenga qué agradecerles. Y si no lo hacen, esta lanza y esta espada, con el valor de mi brazo, les harán cumplir por la fuerza.

El comisario respondió a esto: —¡Donosa majadería!° ¡Estos son forzados del rey, y ni tenemos autoridad para soltarlos,° ni usted para ordenarlo! ¡Váyase de aquí, señor! ¡Siga su camino adelante, y enderece° ese bacín que lleva sobre la cabeza, y no ande buscando tres pies al gato!⁷

Don Quijote respondió enfurecido: —¡Tú eres el gato, el ratón y el bellaco!

Y diciendo esto, arremetió contra el comisario, tan presto,° que el pobre, sin tener tiempo a ponerse en defensa, cayó en el suelo malherido de una lanzada.° Los demás guardas quedaron atónitos° del inesperado ataque. Pero, volviendo en sí,° tomaron sus armas y atacaron a don Quijote, quien los aguardaba con mucho sosiego.

Sin duda él lo hubiera pasado mal, si los galeotes, viendo la ocasión de su libertad, no comenzaran a romper las cadenas. Esta acción confundió de tal manera a los guardas que no pudieron controlar la situación.

Sancho Panza, por su parte, ayudó a soltar a Ginés de Pasamonte, quien fue el primero en liberarse, y de seguido se apoderó° de la escopeta y la espada del comisario. Ginés apuntó° a uno y a otro, y en pocos momentos no quedó guarda en todo el campo porque todos huyeron.

Sancho se entristeció° mucho por lo ocurrido, porque pensó que los que huían darían noticia de lo ocurrido a la Santa Hermandad,⁸ y ésta saldría a buscar a los delincuentes. Entonces rogó a su amo que partieran de allí y se escondieran en un bosque de la sierra cercana.

Don Quijote respondió que estaba de acuerdo, pero que tenía que hacer otra cosa primero. Llamó de seguido a los galeotes, quienes habían despojado al comisario hasta dejarlo en cueros.° Éstos vinieron e hicieron un círculo alrededor de don Quijote. Don Quijote les dijo entonces: —Es de gente bien nacida° agradecer los beneficios que reciben. Como pago de este beneficio que les he hecho, es mi voluntad que vayan a la ciudad del Toboso y se presenten a la señora Dulcinea del Toboso, y le digan que su caballero los envía a encomendarse° a ella. Deberán relatarle punto por punto toda esta aventura.

Ginés contestó por todos: —Lo que usted ordena es imposible, porque no podemos ir juntos sino solos y divididos por estos caminos, para que la Santa Hermandad, que sin duda ha de salir en nuestra búsqueda,° no nos halle. Lo que sí podemos hacer es decir, por su intención día y noche, avemarías y credos.

Don Quijote, encolerizado, respondió: —Don hijo de puta,° Ginesillo, tú irás solo, con el rabo entre las piernas,° con las cadenas a cuestas.°

---

no han cometido nada they have done nothing
no se descuida never neglects
premiar reward
mansedumbre humbleness
sosiego calmness

Donosa majadería Pure nonsense
soltarlos to free them
enderece straighten

tan presto so fast

lanzada thrust of a lance

atónitos astonished
volviendo en sí returning to their senses

se apoderó took charge

apuntó aimed

se entristeció became sad

en cueros nude

bien nacida well born, noble

encomendarse to commend themselves to her

búsqueda search

hijo de puta son of a whore
con … piernas with your tail between your legs (i.e., like a dog)
a cuestas on your back

Ginés, que no era sufrido,° comprendiendo que don Quijote era loco, se apartó de él, y haciendo señas° a sus compañeros, comenzaron a llover tantas piedras que don Quijote no podía guarnecerse° con su escudo.° Sancho se puso detrás de su jumento, defendiéndose así de la nube de piedras que sobre ellos llovía.

Finalmente, dieron con tantos guijarros° en don Quijote que vino a dar al suelo. Apenas hubo caído, fue sobre él uno de los galeotes, le quitó la bacía de la cabeza y le dio con ella° varios golpes, haciéndola pedazos. Luego le quitaron la ropa. A Sancho, le quitaron el gabán,° y le dejaron en pelota,° repartiéndose entre sí° los despojos de los dos.

Se quedaron solos jumento y Rocinante, Sancho y don Quijote. El jumento pensativo,° sacudiendo° las orejas, pensando que no había cesado la borrasca de piedras. Rocinante, tendido junto a su amo. Sancho, en pelota, temeroso de la Santa Hermandad. Don Quijote, mohinísimo° de verse tan malparado por los mismos a quienes tanto bien había hecho.⁹

que no era sufrido who could not endure insults
haciendo señas signaling
guarnecerse to protect himself
escudo shield

guijarros rocks

le dio con ella he struck him with it
gabán coat
en pelota nude
repartiéndose entre sí dividing among themselves
pensativo thoughtful
sacudiendo shaking

mohinísimo very angry

Notas

1. This is the only time that Cervantes calls Cide Hamete Benengeli a *manchego*, or native from La Mancha. This would mean that he was a countryman of Don Quijote.

2. In this chapter Cervantes shows his great knowledge of the jargon of the inmates of the time. Cervantes, one must remember, was imprisoned several times. In fact, he wrote part of Part I of *Don Quijote* while in prison. Don Quijote doesn't know the jargon, and it is explained to him, producing paradoxical reactions and humor.

3. *ducado:* an old gold coin minted by decree of Ferdinand and Isabel, the Catholic Monarchs in the fourteenth century. The *ducado* was made of 23 karat gold, and it was worth 375 *maravedís.*

4. *escribano . . . procurador:* The *escribano* was the scribe, similar to today's clerk of the court. The *procurador* was the defending lawyer.

5. *Pasamonte* is one of the giants of Pulci's novel.

6. *Lazarillo de Tormes* (1554) was the first, and most important of the picaresque novels. It presents a satirical view of sixteenth century Spain, as seen through the eyes of Lazarillo, a penniless boy sent out into the world to fend for himself. The picaresque novel casts the antihero as protagonist of

the story. An antihero is a person without morals or principles. He or she belongs to the lowest social classes. An antihero's only motivation is to satisfy hunger and stay alive at any cost. The protagonists of picaresque novels lived by their wits. Incidentally, Don Quijote moves about in a world of rogues (*pícaros*).

7. *Buscar tres pies al gato:* to go looking for trouble.

8. *Santa Hermandad:* There were two Holy Brotherhoods. The old one from Toledo was founded in the thirteenth century to protect highway travelers and to protect private property against bandits who lived in the mountains of Toledo, Talavera, and Villa Real. The new Brotherhood was founded in 1476 by the Catholic Monarchs. The members of the Holy Brotherhood dressed in green for stealth, traveled in groups of four, and were called *cuadrilleros* (See Ch. 2, Note 13).

9. The *galeotes* were criminals who behaved like animals; they, therefore, were incapable of showing gratitude to Don Quijote. It is noteworthy that this is the first episode in which Don Quijote realizes that he has failed. He makes no attempt to explain that the *galeotes'* bad behavior was caused by enchanters.

Preguntas

1. ¿Qué cuenta el autor arábigo y manchego?

2. ¿Por qué no comprendió don Quijote que los galeotes eran gente castigada por el rey? ¿Qué pensó el león manchego?

3. ¿Qué respondió uno de los guardas a la pregunta de don Quijote?

4. Cuando el segundo guarda le dijo que preguntara él mismo su suerte a los galeotes, ¿qué contestó el primero?

5. ¿Qué dijo el segundo?

6. ¿Qué le informó el tercero?

7. ¿Qué informó a don Quijote sobre el cuarto, el quinto condenado? ¿Qué comentario hizo don Quijote sobre este galeote?

8. ¿Qué había hecho el quinto galeote?

9. ¿Quién era Ginés de Pasamonte?

10. ¿Qué le dijo Ginés a don Quijote?

11. Cuando el guarda trató de castigar a Ginés por su insolencia, ¿qué hizo y qué dijo don Quijote?

12. ¿Qué pidió don Quijote cortésmente a los guardas? ¿Qué contestaron los guardas?

13. ¿Qué contestó un comisario?

14. ¿Cómo reaccionó don Quijote ante estos insultos? ¿Qué sucedió luego?

15. Al darse cuenta de lo ocurrido, Sancho suplica a don Quijote que se apresuren a ir a esconderse en un bosque. ¿Qué dice de esto el caballero?

16. ¿Qué contestó Ginés?

17. Don Quijote se encolerizó ante tal respuesta, e insultó a Ginés. ¿Qué pasó luego?

EPISODIO 8

La penitencia¹ de don Quijote y el mandado° de Sancho.

mandado *errand*

Viéndose tan mal parado don Quijote, decidió seguir el consejo de Sancho y apartarse de la furia de la Santa Hermandad, escondiéndose en la Sierra Morena.² Lo hizo con la condición que Sancho jamás, ni vivo ni muerto, diría a nadie que don Quijote se había apartado de ese lugar por miedo.

Siguieron por la espesura de la montaña con dirección a Almodóvar del Campo.³ Al anochecer, llegaron a las entrañas° de la Sierra, y Sancho determinó que allí debían pasar la noche, y así lo hicieron. Pero la suerte fatal, que todo lo guía, ordenó que Ginés de Pasamonte, el galeote principal, se escondía en el mismo lugar. Al verlos Ginés los reconoció en punto. Los dejó dormir, y robó el asno de Sancho. Al despuntar el alba, Sancho al verse menos el rucio, hizo el más triste y doloroso llanto del mundo. Don Quijote, al escucharlo, lo consoló, prometiéndole una cédula° para que le dieran tres pollinos° de los cinco que había dejado en su casa.

Siguieron los dos su camino y vieron que sobre la cima° de una pequeña loma° iba saltando un hombre de risco° en risco y de mata° en mata, con gran

entrañas *the depths*

cédula *written order*
pollinos *young donkeys*
cima *top*
loma *hill*
risco *rock*
mata *shrub*

. . . y vieron que sobre la cima de una pequeña loma iba saltando un hombre
de risco en risco y de mata en mata.

ligereza.° Tenía los cabellos revueltos,° e iba casi desnudo. Al llegar a ellos los saludó cortésmente. Don Quijote bajó de su caballo y lo abrazó como si lo hubiera conocido por mucho tiempo. Se miraron intensamente, y luego el hombre dijo que su nombre era Cardenio,[4] y su patria° Andalucía. Dijo que era noble y de padres ricos. Explicó que estaba de esa suerte° porque cumplía una penitencia por sus pecados. Dijo además que el causante de su desdicha era un gran traidor fementido.° Cardenio, sin decir más, se entró por entre la maleza,° de modo que fue imposible seguirlo.[5]

Don Quijote decidió entonces que, aunque no tenía razón, haría penitencia para probar a su dama que si eso hacía en seco, ¿qué haría en mojado?[6]

Diciendo esto, ordenó que Sancho fuera sobre Rocinante a dar una carta a Dulcinea. Sancho se enteró entonces que Dulcinea era Aldonza Lorenzo Corchuelo, una moza forzuda,° de pelo en pecho, que él bien conocía.[7]

Don Quijote se quitó los calzones a toda prisa y quedó en carnes, y luego, sin más ni más,° dio dos volteretas° en el aire, la cabeza abajo y los pies en alto. Descubrió° así cosas que, por no verlas otra vez, hicieran volver a Sancho las riendas de Rocinante. Sancho se fue satisfecho de que podía jurar que su amo estaba loco.

Sancho se fue por su camino, hasta la vuelta, que fue breve.° Y volviendo a contar lo que hizo don Quijote después de que se vio solo, dice la historia que, así como acabó de dar volteretas, se subió sobre una alta peña y allí volvió a pensar lo que había pensado muchas veces, sin jamás haberse resuelto en ello; y era que cuál sería mejor imitar, a Roldán en sus locuras, o a Amadís en sus melancolías. Optó° finalmente por imitar a Amadís.

Hizo entonces un rosario, para rezar avemarías como Amadís, de la siguiente manera: rasgó° una gran tira° de su camisa e hizo once nudos.° Rezó entonces un millón de avemarías.[8] Pero lo que le fastidiaba° más era no encontrar allí un hermitaño° con quien confesarse.[9]

Sería bien dejar a don Quijote en sus rezos° y volver nuestra atención a lo que le sucedió a Sancho en su mandado. Sancho partió hacia el Toboso, y al día siguiente le pareció que había llegado nuevamente a la posada donde lo mantearon. Llegó a la hora de comer, y por su mucha hambre, se acercó junto a la venta, dudoso° de que si debía entrar o no. Estando en esto, salieron dos personas que lo reconocieron inmediatamente. Y el uno le dijo al otro:

—Dígame, señor licenciado, ¿no es aquél a caballo Sancho Panza?

El licenciado dijo: —Sí, es él. Y aquel caballo es de nuestro don Quijote.

Eran aquéllos el cura y el barbero de su mismo lugar, y los que hicieron el auto de fe° con los libros de la biblioteca de don Quijote. Así como acabaron de reconocer a Sancho y a Rocinante, deseosos de saber de don Quijote, se llegaron donde estaba Sancho. El cura le preguntó entonces el paradero° de don Quijote. Sancho, tratando de encubrir° a su amo, dijo que estaba ocupado

---

ligereza speed
cabellos revueltos tangled hair

patria homeland
de esa suerte that way

fementido one who doesn't keep his word, liar
maleza undergrowth

forzuda strong, tough

sin más ni más without further ado
volteretas somersaults
Descubrió He revealed

breve brief

Optó He chose

rasgó he tore off
tira strip
nudos knots, beads (i.e., the Catholic Rosary)
fastidiaba bothered
hermitaño hermit, priest
rezos prayers

dudoso doubtful

auto de fe public burning of heretics

paradero whereabouts
encubrir to cover up for, to protect

en cierta parte, haciendo ciertas cosas que él no podía descubrir. El barbero dijo entonces: —No, no, amigo Sancho, si tú no nos dices dónde está, nos imaginaremos, como ya nos imaginamos, que tú lo has matado y robado, porque vienes en su caballo. En verdad, nos dirás dónde está el dueño del rocín o . . .[10]

Sancho interrumpió: —No hay que hacer conmigo amenazas,° porque yo no soy hombre que robo ni mato a nadie. Mi amo está haciendo penitencia en el medio de esta montaña, muy a su gusto.

amenazas threats

Y luego les contó todas las aventuras que les habían sucedido, incluyendo la del loco Cardenio. Dijo que su misión presente era ir donde la señora Dulcinea del Toboso (la hija de Lorenzo Corchuelo) para entregarle la carta que don Quijote se la enviaba, porque estaba enamorado de ella hasta los huesos.°

huesos bones

Aunque ya sabían de la locura de don Quijote, el cura y el barbero se quedaron admirados de lo que Sancho les contaba. Le pidieron entonces a Sancho que les mostrara la carta para Dulcinea. Él dijo que iba escrita en un librito que llevaba en su pecho, y que por orden de don Quijote, debía hacerla pasar a papel en el primer lugar al cual llegara. El cura pidió que se la mostrara, porque la trasladaría° con muy buena letra. Sancho metió la mano en su camisa y lo buscó, y lo rebuscó, pero no lo halló, ni lo podría hallar si lo buscara hasta ahora, porque don Quijote se había quedado con él.

trasladaría copy

Cuando Sancho vio que no hallaba el libro, se le puso pálido° el rostro. Tornó a tentarse° todo el cuerpo muy a prisa y tampoco lo encontró. Sin más ni más se arrancó° con los dos puños la mitad de las barbas. Luego se dio puñadas en las narices hasta que se bañó en sangre.[11] Entonces el cura y el barbero le preguntaron qué le pasaba. Sancho respondió: —¡Qué me ha de suceder, sino el haber perdido en un instante tres borricos° y el libro de memoria° donde venía la carta y una cédula! ¡Ésta estaba firmada por mi señor, para que su sobrina me diera tres pollinos tan grandes como castillos![12]

pálido pale
tentarse to feel himself
se arrancó he plucked

borricos donkeys
libro de memoria diary

Sancho les contó además cómo había perdido su asno. El cura lo consoló prometiéndole que cuando viera a don Quijote, él mismo le haría revalidar° la cédula para los asnos. Con esto se consoló Sancho.

revalidar revalidate

En lo referente a° la carta de don Quijote a Dulcinea, dijo Sancho que no se preocupaba porque la sabía casi de memoria. El barbero le pidió a Sancho que se la dijera. Sancho se paró y rascó° la cabeza. Y ya se ponía sobre un pie, ya sobre otro.° Unas veces miraba al suelo, otras al cielo, teniendo en suspenso al cura y al barbero. Y al cabo° de haberse roído° la mitad de la yema de un dedo,°[13] después de un grandísimo rato, recitó dos mil disparates. El cura y el barbero le pidieron que recitara la carta otras dos veces, para poderla transcribir. Así lo hizo Sancho.

En lo referente In the matter of

rascó scratched
ya se ponía ... ya sobre otro he shifted his weight from one foot to the other
al cabo after
roído gnawed
yema de un dedo fingertip

Tras° esto, contó Sancho a los presentes lo que su amo había hecho, pero no les contó su propio manteamiento en esa misma venta. Habló luego de cómo

Tras After

don Quijote sería emperador, o por lo menos monarca. Y al serlo, casaría° a Sancho, porque Sancho ya sería viudo,° con una doncella de una emperatriz, heredera° de un gran reino.

casaría would marry
viudo widower
heredera heir

Sancho decía todo esto con gran reposo, limpiándose las narices de cuando en cuando, y con tan poco juicio,° que los dos se admiraron de la tan grande locura de don Quijote, pues se había llevado tras de sí° el juicio° de aquel pobre hombre.

tan poco juicio such little sense
llevado tras de sí it had carried off with it
juicio sanity
aprieto difficult situation

No quisieron sacar a Sancho del aprieto° en que estaba porque les pareció que no le dañaba la conciencia. Además pensaron que así Sancho los divertiría;° sin embargo, le dijeron que rogara a Dios por la salud de don Quijote y que, con el discurso del tiempo,° en realidad llegaría a ser por lo menos arzobispo.°[14]

los divertiría would entertain them
discurso del tiempo passage of time
arzobispo archbishop

Dijo entonces el cura que ahora convenía sacar a don Quijote de su inútil penitencia, y también, como era la hora de comer, debían entrar en la venta. Sancho dijo que él les diría luego por qué no entraba en la venta.[15] Les pidió que al terminar de comer, le trajeran algo caliente a él y cebada para Rocinante.

El cura y el barbero pensaron cómo sacar a don Quijote de su penitencia. El cura tuvo la idea de que si él se vestía como doncella andante° y el barbero se hacía° su escudero,[16] irían donde don Quijote y le pedirían un don° que él no podría negar, como caballero andante. El don sería que don Quijote viniera con ella, donde ella lo llevara, para deshacer un agravio que un mal caballero le había hecho. Le suplicaría° además que no le pidiera que se quite su antifaz° o que le pidiera de su hacienda,° sino hasta después de que el agravio hubiera sido enmendado.°

doncella andante maiden knight errant
se hacía played the part of
don favor

suplicaría would beg
antifaz mask
hacienda wealth, property
enmendado corrected

De esta manera creyeron que sacarían a don Quijote de ese lugar, y lo llevarían a su pueblo, donde procurarían ver si tenía remedio su estraña locura.

Notas

1. *La penitencia de don Quijote:* Knights in penance were common in the books of chivalry. The penance was a Christian ritual to absolve a person from sin and wrongdoing. The sinner, male or female, would retreat to a solitary place, in order to give up material comfort, and there he or she would pray, fast, and sometimes suffer self-inflicted physical pain. During this time the penitent would also reflect on past sins, on God and on how to become a better Christian. At this point in the narrative Don Quijote, on account of the deeds of Cardenio, decides to imitate Amadís who

became penitent when his lady Oriana rejected him. While doing penance, Amadís encountered a hermit who named him *Beltenebros: bel (bello)* "beautiful;" *tenebras (tinieblas)* "shadows of darkness." The hermit took Amadís to a place called *Peña Pobre* (Poor crag).

2. *Sierra Morena* is the mountain range in southwestern Spain, that divides the region of La Mancha from the provinces of Andalusia. It is located between the Guadalquivir and Guadiana rivers.

3. *Almodóvar del Campo* is a village about 23 miles southwest of Ciudad Real.

4. Cardenio is the protagonist of a pastoral tale that follows in the original. Interest in the chivalric and pastoral novels provides two main literary themes in *Don Quijote*. Chivalry has already been discussed. The pastoral genre was a literary convention in which cultured, clever, and sophisticated nobles, disguised as shepherds, lamented their rejected or frustrated love (Cardenio and Luscinda). Oftentimes, these people in the guise of shepherds, represented real people of the time, and the values of society portrayed were not rustic, nor was their dress or speech. The setting was usually beautiful, idyllic meadows, or rural countryside. The pastoral genre was cultivated in classical times by such writers as Theocritus and Vergil. In this episode, Cardenio begins a pastoral tale, which is interpolated into the novel.

5. Two mad men are brought together here. Cervantes was intrigued with madness, so much so that almost all of his characters have varying degrees of insanity.

6. . . . *en seco, ¿qué haría en mojado?* If he does this without any reason, just imagine how much greater his deeds would be if he were disdained by Dulcinea.

7. Sancho realizes for the first time that Dulcinea is Aldonza Lorenzo. The absurdity of Don Quijote's love for Aldonza greatly amuses Sancho and he, thus, proceeds to portray her as a woman of rustic and rather masculine qualities.

8. Don Quijote constructs a rosary by tying knots to be used as beads. The rosary is a holy necklace made of praying beads that Catholics use to say the Hail Mary (*avemaría*). A million Hail Marys is, of course, a humorous exaggeration. Cervantes is mocking the external practices of the Catholic Church.

9. The ritual of confession of sins to a priest (a hermit was considered to be a priest) is a holy sacrament to all Catholics.

10. The barber's intimidation works well on Sancho, because he tells the priest and the barber what they want to know. Notice that Sancho's loyalty to Don Quijote in this case is questionable.

11. This scene is comical. Sancho's manner of displaying anger towards himself is typical of an uneducated peasant (in imitation of a beating that would be given by a master).

12. Sancho's concern is not for having lost the letter, but for having lost the note to Don Quijote's niece, which authorizes her to give Sancho three donkeys.

13. Sancho's body language is interesting. Many of his gestures are still used today in the Spanish-speaking world. Notice that the priest and the barber pay close attention to his gestures.

14. There were never any archbishops who were knights errant.

15. This is the inn where Sancho was tossed in a blanket (*manteado*).

16. In order to dissuade Don Quijote from continuing his penance, the priest will play the role of a *doncella* in distress and the barber will pretend to be her squire. Both the priest and the barber are now entering into Don Quijote's world of fantasy and madness.

Preguntas

1. ¿Bajo qué condición se esconderá don Quijote en la Sierra Morena?

2. ¿Qué ordenó la suerte fatal?

3. ¿Qué hizo Sancho al despuntar el alba?

4. ¿Qué prometió don Quijote a Sancho para consolarlo?

5. ¿Qué hacía el hombre estraño sobre una cima?

6. ¿Por qué estaba de esa manera Cardenio? ¿Qué hacía Cardenio?

7. ¿Qué decidió hacer don Quijote, inspirado por Cardenio, y en imitación de Amadís?

8. Según Sancho, ¿cómo era Dulcinea?

9. ¿Qué hizo don Quijote al verse solo? ¿A quién imitó? ¿Qué hizo?

10. ¿Qué le sucedió a Sancho en su mandado? ¿Quiénes lo reconocieron?

11. ¿Cómo lograron el cura y el barbero que Sancho les dijera dónde estaba don Quijote?

12. ¿Qué efecto tuvo esto en Sancho? ¿Qué les contó Sancho?

13. ¿Qué quiso hacer el cura? ¿Dónde estaba el librito de memorias de Cardenio?

14. ¿Cómo se castigó Sancho a sí mismo, creyendo que había perdido el librito?

15. ¿Cuál es ahora la preocupación principal de Sancho?

16. El cura prometió solucionar el asunto de los tres burros pidiéndole a don Quijote que revalidara la cédula. ¿Qué pasó con la carta a Dulcinea?

17. Describa las poses de Sancho y explíquelas.

18. ¿Por qué se admiraron el cura y el barbero?

19. ¿Por qué no sacarán a Sancho del apuro?

20. ¿Qué harán el cura y el barbero para sacar a don Quijote de tan inútil penitencia?

Cuarta Parte

EPISODIO 1

El cura y el barbero ponen en efecto su plan para sacar al enamorado caballero de la Sierra Morena. La historia de Dorotea.

Pusieron en obra° su plan el cura y el barbero. Para esto, le pidieron a la ventera un vestido y una toca,° dejando en prenda° la sotana° nueva del cura.[1] El barbero se hizo una gran barba con la cola° roja de un buey.° La ventera, picada de curiosidad,° les preguntó para qué querían esas cosas. El cura le contó brevemente la locura de don Quijote, y cómo pensaban sacarlo de la montaña, usando esas cosas como disfraz.°

En ese punto se dieron cuenta el ventero y la ventera de que aquel loco, el del bálsamo, había sido su huésped, y su escudero era el que fue manteado. Les contaron además al cura y al barbero todas las cosas que Sancho tanto callaba.°

En resolución,° vistió la ventera al cura con una saya de paño,° con varias fajas° de terciopelo negro y unos corpiños° de terciopelo verde, y finalmente le puso una saya de raso° blanco.

El cura se puso un antifaz, con el que se cubrió bien las barbas, y para completar su disfraz se puso un sombrero tan grande que podía ser quitasol. Subió entonces sobre una mula de montura femenina° y el barbero montó en la suya, con la barba roja que llegaba hasta su cintura. Y así se despidieron° de los de la venta.

Mas apenas hubo salido de la venta el cura, cuando le vino un pensamiento: que hacía mal° haberse disfrazado así, porque era indecente que un sacerdote° profanara° así los hábitos, aunque fuera por una buena causa.[2] Le dijo eso al barbero y le rogó que trocaran° disfraces, porque con el disfraz de escudero

Pusieron en obra They put into effect
toca hood
dejando en prenda pawning
sotana cassock
cola tail
buey ox
picada de curiosidad her curiosity piqued
disfraz disguise

callaba was so silent about

En resolución Finally
saya de paño woolen skirt
fajas bands, stripes
corpiños sashes
raso satin

montura femenina side saddle

se despidieron they took leave

hacía mal he was doing wrong
sacerdote priest
profanara would profane, desecrate
trocaran to exchange

121

profanaba menos su dignidad. Aun más,° le dijo al barbero que si no lo hacía, se había determinado de no seguir adelante.

En esto, llegó Sancho y se murió de risa al verlos. En efecto, el barbero accedió° a lo que quería el cura, y el cura le indicó todo lo que tenía que hacer y las palabras que debía decirle a don Quijote para forzarle a venir con ellos. El barbero dijo que lo podía hacer aun sin lección; no obstante, no quiso vestirse sino hasta el último momento. Así los dos siguieron a Sancho hacia donde don Quijote hacía su vana°penitencia.

Al día siguiente llegaron al lugar y el cura y el barbero se vistieron con sus disfraces. Le dijeron a Sancho que no debía decir palabra a don Quijote sobre el cura y el barbero. Además debía decirle que había entregado su carta a Dulcinea, y ella, por no saber leer ni escribir, le había respondido de palabra.° Mandaba Dulcinea que so pena° de su desgracia,° debía presentarse al momento° ante ella.

Sancho les dijo que esta razón sería suficiente para sacar a don Quijote del bosque. Les dijo también que no creía que serían necesarios los disfraces. Por eso aguardaron° el cura y el barbero en el bosque hasta que volviera Sancho.

El cura y el barbero estaban en un lugar muy fresco y hermoso, donde corría un manso arroyo,° y había mucha sombra.° Era el mes de agosto. Entonces llegó a los oídos de los dos una voz que cantaba sin acompañarla un instrumento musical. Esto admiró a los dos, porque ése no era un lugar donde pudiera haber quien tan bien cantara.

El canto terminó y se tornó en suspiros y ayes.° El cura y el barbero buscaron y encontraron un hombre detrás de una peña. Por la descripción de Sancho, dedujeron° que era el loco Cardenio. Este, cuando los vio, no se sobresaltó,° sino continuó sentado, pensativo.

El cura, que era hombre discreto, y sabía de su desgracia, trató de persuadirle que dejara esa vida, porque así moriría. Cardenio estaba entonces en su juicio, libre de los accesos° que le daban tan a menudo.° Les dijo entonces que para comprenderlo debían escuchar la causa de su desgracia. Prosiguió a referir,° casi palabra por palabra, lo que había referido a don Quijote, pero esta vez no hubo interrupción y la contó toda, notando que no tenía fin.°

El cura se prevenía° entonces a darle a Cardenio palabras de consuelo, cuando llegó a sus oídos otra triste voz con lastimados acentos.° Se acercaron y vieron entre unos peñascos° a un mozo vestido de labrador.° No le pudieron ver el rostro porque estaba inclinado,° lavándose los pies en un arroyo que por allí corría.

Ellos se acercaron con tanto silencio que no fueron sentidos por el mozo. Vieron entonces que sus pies no parecían pies sino pedazos de blanco cristal. Les sorprendió la belleza de aquellos pies.[3] El cura hizo señas para que todos se agazaparan° y esconieran detrás de unos pedazos de peña que por ahí había.

Aun más Furthermore

accedió agreed

vana worthless

de palabra by word of mouth
so pena under the punishment
desgracia displeasure
al momento at once

aguardaron they waited

manso arroyo gentle stream, brook
sombra shade

ayes moans

dedujeron they concluded
se sobresaltó was startled

accesos fits
a menudo frequently

referir to recount

no tenía fin was an unfinished story
se prevenía readied himself
lastimados acentos pitiful highlights
peñascos large rocks
vestido de labrador dressed as a field worker
inclinado bent over

se agazaparan would crouch down

Miraron entonces con atención todo lo que el mozo hacía. El mozo, despúes de lavarse los pies, sacó de debajo de su montera° un paño° y empezó a secarse los pies. Alzó el rostro y se vio una hermosura incomparable. Luego el mozo se quitó la montera y sacudió la cabeza de un lado a otro, dejando esparcir° unos cabellos que pudieran ser la envidia del sol.

Con esto se dieron cuenta de que el que parecía labrador era en realidad mujer, delicada y hermosísima. Sus largos cabellos le cubrieron no solamente las espaldas sino que llegaron a cubrirla hasta los pies. Comenzó ella a peinar° los cabellos con las manos que eran blancas como la nieve.

Ellos determinaron mostrarse y a sus movimientos fueron vistos por ella. Ella apartó los cabellos de sus ojos y al verlos trató de huir, llena de agitación y sobresalto, y sin alcanzar a calzarse;° mas no hubo dado seis pasos cuando cayó al suelo.

Los tres fueron a ella, y el cura le dijo: —Deténgase señora, quienquiera° que sea usted. Los que usted ve aquí no tienen otra intención sino de servirla.[4]

Ella quedó embelezada,° mirando a todos. Les agradeció el ofrecimiento, se calzó luego y dijo que les relataría la causa de sus desdichas.

Comenzó diciendo que se llamaba Dorotea y era hija de padres muy ricos, aunque no pertenecían a la nobleza. Dijo que ella era una de las más regaladas° hijas que padres jamás regalaron. Ella era el espejo en que ellos se miraban. Era el báculo° de su vejez.° Ella era la señora de su hacienda. Por ella se contrataban° y despedían° a los criados. A ella se le daban las cuentas° de lo que se sembraba,° de los molinos de aceite,° de los lagares de vino,° del número del ganado° y las colmenas.°

Continuó de esta manera: —Yo llevaba la cuenta de todo lo que un tan rico labrador tenía y podía tener. Yo mandaba a mayorales° y capataces.° Yo era la mayordoma° y señora de todo. Al terminar mis largos días, solía tocar el harpa, porque la música compone los ánimos descompuestos° y alivia los espíritus.° Esta es la vida que yo tenía con mis padres. Así vivía yo cuando Fernando, el hijo de un poderoso duque, puso sus ojos de lince° en mí.

Dorotea les dijo que Fernando le había prometido casarse con ella, pero que se había casado con otra, una doncella que se llamaba Luscinda. Cuando Cardenio oyó el nombre de Luscinda, no hizo otra cosa que encoger los hombros,° morderse los labios° y dejar vertir° dos fuentes de lágrimas.[5] La doncella prosiguió su historia: —Fue tanta la cólera que sentí, que quería acusarle a Fernando de traición. Sin embargo, templé° mi furia, me vestí con este hábito y entré por estos montes, hace muchos meses, escondiendo mi identidad de mujer. Sólo un ruego° tengo para ustedes, y es que me aconsejen° donde podré pasar la vida sin temor de ser hallada. La vergüenza° me impide que regrese a mis padres, aunque sé que sería bien recibida.

Calló y mostró en su rostro mucha vergüenza, mas Cardenio interrumpió

montera cap
paño cloth

esparcir spread

peinar to comb

sin alcanzar calzarse without managing to put on her shoes
quienquiera whoever

embelezada astonished

regaladas comfortable

báculo staff (support)
vejez old age
contrataban hired
despedían fired
las cuentas the accounting
se sembraba was planted
molinos de aceite olive oil mills
lagares de vino wine presses
ganado livestock
colmenas beehives
mayorales foremen
capataces overseers
mayordoma head of the household
descompuestos unsettled
alivia los espíritus lifts the spirits
ojos de lince lynx eyes

encoger los hombros shrug his shoulders
morderse los labios to bite his lips
dejar vertir to let flow
templé tempered

un ruego one request
me aconsejen advise me
vergüenza shame, embarrassment

preguntándole si era hija del rico Cleandro. Dorotea, asombrada, le preguntó quién era él. Cardenio respondió que era aquél a quien Luscinda había querido llamar su esposo. Dijo además que esa era la razón por la que él andaba así loco y desnudo. Dijo además que el cielo guardaba mejor fortuna, y que ella sería de Fernando y él de Luscinda.[6]

Dorotea quedó asombrada de lo que oyó. El cura les persuadió que fueran con él y el barbero se ofreció a servirlos. Y en este punto el barbero contó brevemente la extraña locura de don Quijote. Le dijeron también que aguardaban a Sancho, su escudero.

Notas

1. The priest commits sacrilege by pawning his sacred apparel. Again, Cervantes is attacking the outward practices of the Church of his day.

2. The priest misses the point. He is desecrating his own person by putting on an indecent garment, in this case a female's dress. He tries to justify it by saying that he was doing it for a good cause. But he finally desists and asks the barber to wear the dress. The priest will now wear a red bull's tail as a beard, which is just as bad.

3. Women's feet are still regarded as a thing of beauty in Spanish culture.

4. . . . *intención sino de servirla:* The priest uses the language of chivalry (. . . to serve a lady).

5. Notice Cardenio's body language.

6. The influence of the pastoral novel is seen here again. Dorotea, Fernando, Cardenio, and Luscinda form a foursome. The foursome is a love quadrangle called the "pastoral configuration of lovers."

Preguntas

1. ¿Cómo pusieron en obra su plan el cura y el barbero?

2. ¿De qué se enteraron en este punto el ventero y la ventera?

3. ¿Cómo terminaron de prepararse el cura y el barbero?

4. ¿Al salir de la venta, qué terrible pensamiento le vino al cura? ¿Qué propuso éste?

5. ¿Qué hizo Sancho al verlos? ¿Qué hicieron luego el cura y el barbero?

6. Al llegar los tres al lugar donde estaba don Quijote, ¿qué mandaron el cura y el barbero que le dijera Sancho?

7. ¿Qué sucedió mientras el cura y el barbero aguardaron a Sancho?

8. ¿A quién oyen cantar el cura y el barbero?

9. ¿De quién era la segunda voz que escucharon los tres?

10. Al mirar con atención, ¿qué vieron los tres?

11. Cuando ella vio a los tres, ¿qué trató de hacer? ¿Qué dijo el cura? Explique.

12. ¿Quién era la bella mujer? ¿Cuál era su historia?

13. ¿Cumplió Fernando su promesa?

EPISODIO 2

Dorotea y Cardenio ayudan al cura y al barbero a ejecutar su plan para sacar al enamorado caballero de su penitencia.

Se oyeron grandes voces en el bosque. Los presentes se dieron cuenta de que el que las daba era Sancho Panza, quien por no haberlos hallado donde los dejó, así los llamaba. Le preguntaron por don Quijote, y Sancho respondió que lo había hallado desnudo, sólo en camisa, flaco, amarillo° y muerto de hambre, suspirando° por su señora Dulcinea.

amarillo jaundiced

suspirando sighing

Y puesto que le había dicho que su señora Dulcinea le mandaba que saliera de ese lugar y se fuera al Toboso donde le quedaba esperando, don Quijote había respondido que no aparecería ante su hermosura hasta que hubiera hecho hazañas que lo hicieran digno de la gracia de ella.

El cura le dijo a Sancho que ellos sacarían a don Quijote de su penitencia, y les contó a Cardenio y a Dorotea lo que tenían pensado hacer para extraerlo al enamorado caballero del bosque.

Dorotea dijo que ella podía hacer el papel° de doncella menesterosa° mejor que el barbero, porque además de haber leído ella misma muchos libros de caballerías, y saber como hacer de° doncella menesterosa, tenía en su poder° vestidos con los cuales podía representar todo muy naturalmente.[1]

Dorotea se vistió entonces ricamente con una ropa que traía en un bulto. Se puso, así mismo, bellas joyas y quedó adornada en un instante de tal manera que parecía una bella y rica señora.

Sancho, quien no había visto en su vida tan hermosa criatura, quedó admirado, y preguntó quién era. El cura respondió que era Micomicona, la princesa heredera del gran reino de Micomicón de Etiopía,[2] y venía para pedirle un gran favor a su amo.

El favor era que don Quijote le vengaría un agravio que un mal gigante llamado Pandafilando de la Fosca Vista[3] le había hecho. Tal era ya la fama de don Quijote que ya se conocía por todo el mundo.

Sancho respondió que ésta era una bienaventuranza,° y que su amo mataría al hideputa° gigante. El cura quedó entonces admirado de la simplicidad de Sancho y de ver qué bien encajados° tenía en la cabeza los mismos disparates que don Quijote.

Ya, en esto, Dorotea estaba sobre la mula del cura, y el barbero tenía puesto su disfraz. Le dijeron a Sancho que los llevara a donde don Quijote; sin embargo, ni el cura ni Cardenio fueron para que don Quijote no se alterara.° El cura le dijo a Dorotea lo que debía hacer, mas ella dijo que muy bien lo sabía por lo que había leído en los libros de caballerías.

Fueron por tres cuartos de legua y encontraron a don Quijote entre unas peñas. Sancho le dijo a Dorotea que aquél era don Quijote, y al punto° Dorotea fue hacia él, seguida del bien barbado° barbero. Bajó de su caballo y se hincó ante don Quijote diciéndole que no se levantaría, a no ser que° don Quijote cumpliera un don que le traería gran honra a él, y a ella le restituiría su reino.

Don Quijote trató de levantarla,° pero ella rehusó° hasta que don Quijote le otorgara el don que le pedía. Sancho se llegó al oído de don Quijote y le dijo que debía concederle° ése, porque sólo tendría que matar a un gigante, y la que lo pedía era la princesa Micomicona del gran reino Micomicón de Etiopía.

Don Quijote dijo entonces que lo otorgaba, y pidió a la doncella que se levantara. Entonces ella le dijo que el don era que debía ir con ella donde ella lo llevara, y que no debía hacer otra cosa hasta que le diera venganza del traidor que le había usurpado su reino.

Al punto, don Quijote se hizo armar por Sancho y dijo: —Vamos de aquí, en el nombre de Dios, a favorecer a esta gran señora.

El barbero estaba aún de rodillas, tratando de contener la risa y sostener las barbas, porque si se caían, se perdería toda esta trama.° Se levantó entonces, y

---

hacer el papel play the role
doncella menesterosa damsel in distress
hacer de to play the role of
en su poder in her possession

bienaventuranza blessing
hideputa son of a whore
encajados entrenched

se alterara would get upset

al punto right away
bien barbado well bearded
a no ser que unless

levantarla to raise her
rehusó refused

concederle grant her

trama scheme, plot

. . . sólo tendría que matar a un gigante, y la que lo pedía era la princesa de Micomicona.

con don Quijote ayudaron a subir a la dama en su mula. Sancho, por su parte, como había perdido su asno, se contentó de ir a pie.

El cura y Cardenio los miraban desde lejos. No sabían cómo juntarse al grupo, mas el cura, que era ingenioso,° afeitó las barbas a Cardenio, y lo vistió con parte de su propia ropa, quedando él mismo en calzas° y jubón.°⁴ Tal fue el cambio, que Cardenio no pudo reconocerse a sí mismo.

Para unirse al grupo de don Quijote, se adelantaron y salieron de la Sierra Morena, y los esperaron en el camino real. Llegó el grupo y el cura se interpuso a° don Quijote, dando señales de que lo iba reconociendo.° Luego fue hacia él con los brazos abiertos, y le dijo: —¡Para bien° he hallado al espejo de la caballería, mi buen compatriota don Quijote de la Mancha, la flor y nata° de la gentileza, y la quinta esencia° de los caballeros andantes!

Y diciendo esto, abrazó el cura la rodilla de la pierna izquierda de don Quijote. Éste, espantado° de lo que veía, lo miró con atención, lo reconoció y trató de apearse, pero el cura no lo consintió, y don Quijote dijo: —Déjeme, vuestra merced, señor licenciado, que no es razón° que yo esté a caballo y su reverencia a pie.

Dijo el cura: —Esto no consentiré de ningún modo porque su grandeza, a caballo, hará las mayores hazañas° y aventuras que se hayan visto en nuestra edad. A mí, indigno sacerdote,⁵ me baste ir en una de esas mulas de esos señores que viajan con vuestra merced, y haré cuenta° que voy sobre Pegaso.

La princesa (Dorotea) dijo entonces que su escudero (el barbero) le cedería° su mula porque era muy cortés, y luego iría en ancas.° El cura no se hizo mucho de rogar° y subió en la mula. Y fue el mal° que al subir a las ancas el barbero, la mula alzó los cuartos traseros° y dio dos coces° en el aire, lanzando° al aire al barbero y a sus barbas al suelo. El barbero al verse así, se cubrió el rostro con ambas manos y se quejó que le habían derribado las muelas.° Don Quijote al ver todo ese mazo° de barbas, sin quijadas° y sin sangre, dijo: —¡Vive Dios, que éste es un gran milagro! ¡Se arrancaron las barbas como si fueran artificiales!

El cura, al ver el peligro que corría de ser descubierta su invención,° recogió las barbas y fue al barbero, y de un golpe,° trajo la cabeza a su pecho, y se las puso, murmurando unas palabras, que dijo que era un ensalmo° apropiado para pegar° las barbas, como lo verían.⁶ Quedó entonces el escudero (el barbero) tan bien barbado como antes.

Don Quijote quedó admirado de sobremanera° y pidió al cura que, cuando pudiera, le enseñara ese ensalmo porque su virtud,° además de pegar barbas, se debía extender. Pues estaba claro que donde se quitan las barbas queda llaga° y sangre, y ese ensalmo todo lo sanaba.

Así lo prometió el cura, y siguieron todos hacia la venta que estaba hasta° dos leguas de allí. Entonces preguntó el cura a la princesa: —¿Hacia qué reino nos quiere guiar, su alteza?° ¿Será por ventura hasta el de Micomicón?

---

ingenioso crafty

calzas breeches
jubón jacket

se interpuso a got in the way of
iba reconociendo was recognizing him
Para bien For my good fortune
flor y nata the flower and cream
quinta esencia quintessence
espantado amazed

no es razón it isn't right

hazañas deeds

haré cuenta I will consider, pretend
cedería would yield
en ancas behind the saddle

no ... rogar they didn't have to beg him much
fue el mal it was his bad luck
cuartos traseros hind quarters
coces kicks
lanzando throwing
derribado las muelas had knocked out his teeth
mazo mess
quijadas jaw bone

invención charade

de un golpe all at once

ensalmo prayer

pegar to stick, to glue

sobremanera overwhelmingly

virtud virtue, power

llaga wound

hasta up to, almost

su alteza your highness

. . . y siguieron todos hacia la venta que estaba hasta dos leguas de allí.

Ella entendió bien lo que debía responder y contestó: —Sí señor, ése es mi reino.

Dijo el cura: —Así es. Pasaremos por la mitad de mi pueblo y luego nos dirigiremos para Cartagena[7] donde podremos embarcar, y si el tiempo es tranquilo, sin borrascas,° llegaremos en nueve años a Meótides,[8] que está a menos de cien jornadas° de Micomicón.

borrascas storms

jornadas day's journeys

La princesa respondió: —Se engaña vuestra merced, porque yo vine de allí hace casi dos años, y en verdad el tiempo no estuvo tranquilo. Y con todo eso he llegado a ver lo que tanto deseaba, que es el señor don Quijote de la Mancha, para encomendarme a su cortesía y fiarme° de su invencible brazo.°

fiarme to trust
invencible brazo invincible arm
alabanzas praise

Don Quijote dijo entonces: —No más. Cesen mis alabanzas,° porque soy enemigo de toda adulación, aunque ésta no lo sea. Dejemos estas cosas para su tiempo. Le ruego, señor licenciado, que me diga lo que le ha traído por estos lugares, tan solo, y tan a la ligera° que me pone espanto.°

tan a la ligera so suddenly
me pone espanto it scares me

El cura respondió: —Sabrá, señor don Quijote, que maese Nicolás, nuestra barbero, y yo íbamos a Sevilla a cobrar° sesenta mil pesos ensayados[9] que un pariente mío me había mandado de las Indias. Entonces, pasando por estos lugares, nos salieron al encuentro cuatro salteadores° y nos robaron hasta las barbas. Por eso el barbero se las puso postizas.°

cobrar to collect

salteadores highwaymen

postizas false, fake

—Y dicen que es conocimiento público que en estos contornos° liberó a unos galeotes un hombre tan valiente que, a pesar del comisario y los guardas, los soltó a todos.

en estos contornos in these surroundings

—Sin duda, él debería estar fuera de juicio, o debería ser tan gran bellaco° como los galeotes, sin alma y sin conciencia. Pues soltó al lobo° entre las ovejas, a la raposa° entre las gallinas.

bellaco fool

lobo wolf

raposa fox

—Defraudó a la justicia y fue contra los mandamientos° del rey. Puso a la Santa Hermandad en alboroto,° y finalmente quiso hacer un hecho° donde perdiera su alma y tal vez su vida.

mandamientos orders

alboroto turmoil
hecho deed

Sancho les había contado al cura y al barbero la aventura de los galeotes, y el cura exageraba las consecuencias, para ver la reacción de don Quijote. Éste se ponía más pálido al escuchar cada palabra, y no osaba° decir que él era el libertador.

no osaba didn't dare

Notas

1. This is a "play" within the plot of *Don Quijote*. Notice that Dorotea, like Don Quijote's niece, has read books of chivalry. Notice that Dorotea is also given to madness. Her madness, however, is not equal to Don Quijote's, because she knows she is acting.

2. *Micomicón de Etiopía* is a silly name concocted by Cervantes. *Mico* means "monkey," and *micona,* "large female monkey." Ethiopia is a country in Eastern Africa thought, during Cervantes's time, to be the fabled kingdom of Prester John, a fabulous Christian king.

3. *Pandafilando de la Fosca Vista:* This absurd name suggests *hilando,* or spinning thread. *Fosca Vista* means that he looked at everything upside down, to inspire terror.

4. Once again the priest desecrates his habit and stands there in his underwear.

5. *indigno sacerdote:* By his actions, the priest has shown that he is indeed unworthy.

6. Cervantes is again attacking the superficial outward practices of the Church of his time.

7. *Cartagena:* Port city in the province of Murcia, with a fortified naval base. It is located approximately 22 miles south southwest of Murcia.

8. *Meótides* is possibly *Palus Maeotis,* now called the Sea of Azov. The idea is to dissuade Don Quijote from traveling such a great distance.

9. *pesos ensayados:* Assayed pesos were worth double the regular peso.

Preguntas

1. Habiendo fallado Sancho en sacar a don Quijote de su penitencia, ¿qué harán ahora? ¿Qué pensó Sancho?

2. ¿Cómo explicó el cura a Sancho la presencia de Dorotea? ¿Cómo se mostró Sancho?

3. ¿Cómo continúa la comedia del cura?

4. ¿Cómo se enteró don Quijote del don que quería Micomicona (Dorotea)?

5. ¿Qué hizo don Quijote luego?

6. ¿Qué sucedió después de que el cura y Cardenio se encontraron con don Quijote?

7. ¿Qué milagro vio don Quijote? ¿Qué hizo el cura entonces?

8. ¿Qué quiso entonces don Quijote?

9. ¿Cómo prosigue la comedia?

10. ¿Cómo explicó a don Quijote su presencia el cura?

11. ¿Cómo supo todos estos hechos el cura? ¿Cómo reaccionó don Quijote?

EPISODIO 3

La ira de don Quijote, las mentiras de Sancho y la aparición repentina de Andrés.

No hubo bien acabado de hablar el cura, cuando Sancho se expresó de esta manera: —Por mi fe,° señor licenciado, el que hizo esta hazaña fue mi amo. Yo le advertí antes que mirara lo que hacía, y que era pecado darles libertad, y que todos eran grandísimos bellacos.[1]

Por mi fe On my faith

Don Quijote respondió: —Majadero, a los caballeros andantes no les toca° averiguar si los afligidos° van por su culpa° o por su desgracia. Sólo le toca ayudarlos poniendo los ojos en sus penas. Y a quien le parezca mal lo que hice, excepto el señor licenciado, sabe poco de la caballería y miente, como un hideputa. ¡Y esto le haré conocer con mi espada!

no les toca it is not their job
afligidos afflicted
su culpa their own fault

Entonces don Quijote se armó y se afirmó° sobre los estribos.° Dorotea, al ver la ira de don Quijote, le dijo que recordara su promesa de no entrar en otra aventura. Le dijo además que si el licenciado hubiera sabido que era don Quijote quien había liberado a los galeotes, no hubiera dicho palabra. El cura lo juró al instante.[2] Don Quijote se calmó y dijo que iría quieto y pacífico. En cambio° pidió a Dorotea que le contara el resto de su historia.

se afirmó secured himself
estribos stirrups

En cambio In exchange

Dorotea comenzó así: —Mi padre, el rey Tinacrio el Sabidor,°[3] me ordenó que no luchara con Pandafilando, el de la Fosca Vista, el usurpador de mi reino. Me ordenó que fuera a buscar no sólo en las Españas sino en la Mancha a un caballero andante llamado don Azote° o don Gigote.°[4] Por señas,° sería alto de cuerpo, seco de rostro, y tenía un lunar° lleno de cabellos gruesos como cerdas° bajo su espalda° izquierda.[5]

Sabidor sage

Azote whip
Gigote beef stew
Por señas As a description
lunar mole
lleno de ... cerdas full of hair as thick as horsehair
espalda shoulder blade

Don Quijote quiso al punto desnudarse, pero Sancho le dijo que en efecto tenía ese lunar así, y que era signo de hombre fuerte. Dorotea continuó su historia: —Mi padre dejó profetizado° que si el caballero, después de degollar° a Pandafilando, quisiera casarse conmigo, yo lo debía conceder,° sin réplica° alguna, y le debía dar además posesión de mi reino.

dejó profetizado prophesied
degollar to behead
conceder to grant
sin réplica without argument

Sancho dio entonces dos zapatetas° en el aire y besó las manos de su futura reina. Dorotea le prometió entonces hacerle gran señor de su reino. Todos se rieron de la locura de don Quijote y la simplicidad de Sancho.

dio ... dos zapatetas he kicked his heels twice

Don Quijote juró ir con Dorotea hasta el fin del mundo, si fuera necesario, pero advirtió que después de hacer la paz en aquel reino, él la dejaría en libertad, porque su voluntad era cautiva de Dulcinea, y no se casaría aunque fuera con el Fénix. A Sancho le pareció tan mal lo que oyó que, con el mayor enojo, alzando la voz dijo: —Voto y juro a mí° que vuestra merced no tiene cabal juicio.° ¿Cómo es posible que dude casarse con esta señora, si Dulcinea no es la mitad, y aun estoy por decir, que no le llega a los zapatos? ¡Cásese, cásese! ¡Hágame marqués!

Voto y juro a mí I swear on my name
tiene cabal juicio that you are not in your right senses

Don Quijote no pudo sufrir tales blasfemias, y alzando su lanza dio dos golpes a Sancho, echándole por la tierra.[6] Y si no fuera por las voces que dio Dorotea, sin duda le hubiera quitado la vida. Dijo a Sancho entonces don Quijote: —¡Oh hideputa, bellaco y cómo eres desagradecido!° ¡Te ves levantado del polvo a ser señor de título, y correspondes° hablando mal de quien te lo hizo!

desagradecido ungrateful
correspondes you pay back

Sancho, escondido detrás de la mula de Dorotea, respondió: —Dígame señor: si vuestra merced no se casa, no será suyo el reino y ¡yo no tendré merced!° Cásese, y después puede volver a la señora Dulcinea. En lo de la hermosura, ambas son bellas, aunque no he visto a Dulcinea.[7]

merced reward, favor

Don Quijote le dijo entonces: —¿Cómo que no la has visto, traidor blasfemo? ¿No acabas de traerme un recado de ella?

Sancho respondió: —Es que no la vi detenidamente,° pero me parece muy bella.

detenidamente carefully

Don Quijote se tranquilizó, diciendo: —Ahora te disculpo,° y perdóname el enojo que te he dado. La primera reacción no está en manos de los hombres.[8]

te disculpo I forgive you

Dorotea mandó entonces a Sancho: —Corre, Sancho, y besa la mano de tu señor y pídele perdón. Y de aquí en adelante no hables mal de esa señora Dulcinea. Ten confianza en Dios, y vivirás como príncipe.

Así lo hizo Sancho, y don Quijote lo perdonó. Mientras esto pasaba, vieron venir donde ellos un hombre, que parecía gitano,[9] sobre un jumento. Pero a Sancho, que se le iban los ojos° cuando veía un jumento, reconoció a Ginés de Pasamonte y a su asno. De seguido le gritó: —¡Ah, ladrón Ginesillo! ¡Deja mi prenda,° deja mi vida, deja mi asno! ¡Huye, ladrón! ¡Deja lo que no es tuyo!

se le iban los ojos whose eyes went searching
prenda jewel

Ginés saltó del asno y desapareció corriendo. Sancho se acercó y besó y acarició al rucio° como si fuera persona. Llegaron a Sancho todos y lo congratularon por el hallazgo° de su rucio.

rucio donkey
hallazgo finding

Don Quijote entonces preguntó a Sancho de que dónde, cómo y cuándo halló a Dulcinea, y qué le dijo, qué rostro hizo al leer la carta y quién la trasladó. Sancho respondió que no llevó carta alguna. Don Quijote dijo que así era, porque había encontrado el librito de memorias dos días después de su partida.

Sancho dijo entonces que se la había aprendido de memoria cuando don Quijote se la leyó. La dijo luego a un sacristán quien la escribió. Don Quijote le preguntó a Sancho si la tenía aún en la memoria, y Sancho respondió que sólo recordaba que decía "sobajada"° o "soberana° señora . . ." y lo último era "Tuyo hasta la muerte, el Caballero de la Triste Figura."

sobajada scrubbed
soberana sovereign, supreme

Don Quijote preguntó a Sancho lo que había hecho Dulcinea al leer la carta. Sancho contestó que no la había leído porque no sabía ni leer ni escribir, y que la había rasgado° inmediatamente porque no quería que la gente supiera sus secretos. Dijo que bastaba saber sus palabras de amor, y la penitencia que había hecho por ella. Finalmente le dijo que besaba las manos de don Quijote y le suplicaba y mandaba que saliera de esos matorrales y se regresara al Toboso, porque tenía grandes deseos de verlo.

rasgado torn up

Don Quijote preguntó: —¿Qué joya° te dio ella para mí, como es la usanza entre los caballeros y las damas?

joya jewel

Sancho respondió: —Eso debe ser usanza antigua, porque ahora debe acostumbrarse a dar pan y queso, porque ésos me los dio.

Estando en esto, acertó a pasar° por allí un muchacho, quien miró detenidamente a don Quijote y corriendo hacia él, lo abrazó por las piernas y dijo: —¡Ay, señor mío! ¿No me reconoce usted? Soy Andrés, al que azotaba Juan Haldudo.

acertó a pasar happened to pass by

Don Quijote, dirigiéndose a todos los presentes respondió: —Para que vean ustedes lo importante que es la labor de los caballeros andantes, aquí está un ejemplo de un infeliz, cuyo amo lo azotaba injustamente, sin querer pagarle sus jornales. Yo le di la libertad.

Andrés respondió: —Todo lo que usted dice es verdad; pero el fin del negocio resultó al revés.

Don Quijote preguntó: —¿Cómo? ¿No te pagó el villano?

Andrés explicó: —No sólo no me pagó, sino que al irse usted, me desolló° como un San Bartolomé. De todo esto tiene usted la culpa, porque si no se entrometiera,° él mismo se hubiera contentado con darme unas dos docenas de azotes.

me desolló skinned me

se entrometiera interfered

Don Quijote comentó: —Eso es porque no esperé hasta que te pagara, y sabiendo que los villanos no respetan su palabra de honor, tomé la suya.[10]

Entonces don Quijote mandó a Sancho que ensillara a Rocinante porque iría en busca de Juan Haldudo. Dorotea intervino entonces, diciendo que don Quijote le había dado su juramento de que no emprendería° aventura alguna hasta acabar con la de Micomicón.

emprendería undertake

Don Quijote dijo que así era verdad, y prometió a Andrés que a su regreso lo vengaría. Andrés dijo que no creía en juramentos, y que sólo quería que le diera algo para comer y llevar en su jornada a Sevilla. Sancho sacó pan y queso y se los dio a Andrés.

Andrés comenzó su camino, pidiendo a don Quijote que si lo viera alguna vez, aunque lo estuvieran haciendo pedazos,° que no lo ayudara, y que Dios maldijera a don Quijote y a todos los caballeros andantes del mundo. Don Quijote trató de castigar a Andrés, mas Andrés corrió sin que nadie se atreviera a seguirlo. Don Quijote quedó corridísimo° del cuento de Andrés, y los demás contuvieron° su risa.

haciendo pedazos chopping to pieces

corridísimo very embarrassed
contuvieron contained

Notas

1. Notice that Sancho lies, swearing that it was don Quijote alone who freed the *galeotes.* He omits the act that he helped free them.

2. *El cura lo juró al instante:* The priest perjures himself instantly. He breaks the Second Commandment ("You shall not take the name of the Lord your God in vain").

3. *Tinacrio el Sabidor: tina:* "tub;" *acrio:* "sour;" *sabidor:* "sage," "magician." This name appears in another book of chivalry (*El Caballero del Febo*).

4. Dorotea, mockingly, gives La Mancha more importance than Spain. She also ridicules Don Quijote's name, calling him *azote:* "whip," and *gigote:* "stewed meat."

5. Knights such as Amadís, Esplandián, and others were born with birthmarks in the shape of stars, crosses, roses, etc. But Don Quijote has a mole, with coarse hairs sticking out of it, under his left shoulder blade.

6. This is the second time that Don Quijote strikes Sancho.

7. Sancho lets it slip that he never went to see Dulcinea.

8. It is interesting that Don Quijote apologizes to Sancho.

9. *parecía gitano:* Gypsies dressed in a recognizable attire.

10. Cervantes again makes the point that peasants didn't have honor.

Preguntas

1. ¿Cómo delató (denounced) Sancho a su amo? ¿Qué explicó, y que advirtió luego don Quijote a los presentes, con excepción del cura?

2. ¿Cómo calmaron a don Quijote?

3. ¿Qué invención hizo Dorotea?

4. ¿Qué hizo entonces don Quijote?

5. ¿Qué instrucciones dejó Tinacrio el Sabidor a Dorotea?

6. ¿Cómo reaccionó Sancho a esta información?

7. ¿Qué advirtió don Quijote? ¿Qué le pareció esto a Sancho?

8. ¿Cuál fue el resultado de este imprudente comentario de Sancho?

9. ¿De qué acabó de enterarse don Quijote?

10. ¿Quién era el hombre vestido de gitano que venía hacia ellos sobre un jumento?

11. ¿Cómo terminó el asunto de la carta a Dulcinea?

12. ¿Qué joya mandó Dulcinea para don Quijote?

13. ¿Quién era el muchacho que pasó por allí?

14. ¿Qué prueba dio don Quijote de la labor de los caballeros andantes? ¿Qué pensó de esto Andrés?

15. ¿Qué decidió hacer don Quijote? ¿Cómo lo detuvo Dorotea?

16. ¿Cómo terminó el episodio de Andrés?

EPISODIO 4

La descomunal° batalla contra Pandafilando (o el episodio de los cueros de vino).

descomunal colossal

Después de comer, ensillaron a sus cabalgaduras° y luego, sin que sucediera cosa que contar, llegaron al siguiente día a la venta. Aunque Sancho tuvo gran miedo de entrar en ella, lo tuvo que hacer con el resto de los presentes. Estaban allí la ventera, el ventero, su hija y la criada Maritornes, quienes los recibieron

cabalgaduras mounts

con muestras° de mucha alegría. Don Quijote les pidió que le prepararan un lecho mejor que el anterior, porque venía muy quebrantado. Así lo hicieron y don Quijote se acostó y se durmió profundamente.

No bien se hubo encerrado° don Quijote, la ventera arremetió al barbero y asiéndole de la barba la comenzó a tirar pidiéndole que se la devolviera. El barbero no quería dársela, hasta que el cura lo ordenó. Dijo el cura que ya no había necesidad de la barba, porque el barbero debía mostrarse a don Quijote de la misma manera que había hecho el cura; esto es, diciendo que se había venido a la venta huyendo de los galeotes.

El ventero aderezó° una muy buena comida, y todos cenaron muy a su gusto. A don Quijote se le dejó dormir, porque esto convenía más que la comida. Luego de cenar, hablaron del incidente del manteo de Sancho, y la locura causada en don Quijote por la lectura de tantos libros de caballerías. El ventero entonces dijo que no sabía cómo podía ser eso, porque los libros de caballerías gustaban a todos los que allí se hospedaban. Dijo que los que sabían leer, los leían para el deleite de todos, y a veces había hasta treinta segadores° que los escuchaban.[1]

Entonces los presentes hablaron sobre los méritos y deméritos° de varios libros de caballerías, y en especial del *Gran Capitán*, la historia verdadera de Gonzalo Fernández de Córdoba, y de Diego García de Paredes, un soldado valentísimo, quien tenía tanta fuerza física que podía detener la rueda de un molino con un solo dedo.[2]

De seguido, se desarrolló° una acalorada polémica° entre los presentes sobre las hazañas de los caballeros andantes. Ninguno estuvo de acuerdo,° y finalmente el ventero dijo que sólo los locos se harían caballeros andantes, y que no se usa hoy lo que se usaba° en tiempos remotos.

Sancho, al oír todo esto, quedó confuso y pensativo. El ventero entonces sacó de una maleta unos papeles y el cura los leyó y dijo que era una novela titulada *El curioso impertinente*,[3] y después de leer unos párrafos° dijo que tenía voluntad° de leerla toda. El ventero dijo que esa novela gustaba a todos los que la leían. Cardenio la hojeó° y dijo que le parecía bien. Dorotea dijo que escucharla sería mejor que el reparador sueño.° Y así lo hicieron. Cuando ya llegaba el cura a su fin, salió Sancho, alarmado, de la cámara de don Quijote y gritó: —¡Acudan,° señores, pronto! Socorran a mi señor quien está en la más reñida batalla con Pandafilando el de la Fosca Vista. ¡Ya le tajó° la cabeza al gigante de por medio!

En esto oyeron un gran ruido en la cámara, y la voz de don Quijote quien decía: —¡Tente,° ladrón, malandrín,° follón!° ¡Aquí te tengo!

Y parecía que don Quijote daba grandes cuchilladas a las paredes.

Sancho pidió entonces: —¡Entren a ayudar a mi amo! Aunque ya no será menester,° porque yo vi correr la sangre por el suelo, y vi la cabeza cortada a un lado. ¡Es grande como un cuero de vino!°[4]

muestras appearances

se hubo encerrado had shut himself up

aderezó prepared

segadores harvesters

méritos y deméritos pros and cons

se desarrolló developed
polémica discussion
de acuerdo in agreement

no se usa ... se usaba they're not in fashion as they were

párrafos paragraphs
tenía voluntad he felt like
la hojeó leafed through it
reparador sueño the benefits of a good sleep

Acudan Come

tajó sliced

Tente Hold
malandrín scoundrel
follón coward

menester necessary

cuero de vino wineskin

Había dado tantas cuchilladas a los cueros, que todo el aposento estaba lleno de vino.

El ventero entonces gritó: —¡Que me maten° si don Quijote no ha dado una cuchillada a uno de mis cueros de vino tinto!°

Y con esto entró al aposento, y todos tras él, y vieron el espectáculo más extraño del mundo. Estaba en camisa, la cual le cubría por delante hasta los muslos° y por detrás . . . mucho menos.°5

Las piernas las tenía largas y flacas, llenas de vello° y poco limpias. Llevaba sobre su cabeza un bonetillo° grasiento° del ventero. En la mano izquierda tenía envuelta° la manta odiada° de Sancho, y en la mano derecha tenía su espada, la cual la revolvía° y daba cuchilladas por todas partes como si estuviera en realidad en batalla.

Y lo bueno es que tenía los ojos cerrados porque estaba durmiendo y soñando que ya estaba en el reino Micomicón, en batalla contra Pandafilando. Había dado tantas cuchilladas a los cueros, que todo el aposento estaba lleno de vino.

El ventero tomó tanto enojo que arremetió contra don Quijote con los puños cerrados y le dio tantos golpes que si Cardenio y el cura no lo detuvieran, él terminaría la guerra del gigante. Y con todo esto, don Quijote no despertó hasta que Cardenio trajo un gran caldero° de agua fría y se la echó por todo el cuerpo.6 Don Quijote despertó entonces, sin memoria de lo que había hecho.

Sancho andaba buscando la cabeza del gigante por todo el suelo. Dijo entonces que era cosa de encantamiento porque la vez pasada le dieron mojicones y porrazos° en el mismo lugar, sin saber quien se los daba. El ventero le dijo entonces: —¿No ves, ladrón, que la sangre y su fuente° no es otra cosa que el vino tinto de los cueros horadados?°

Sancho respondió que si no encontraba la cabeza del gigante, no tendría el condado prometido. El ventero desesperaba al ver el maleficio° de don Quijote y la flema° de Sancho, y juraba que esta vez le pagarían por todo.7

El cura tenía de las manos a don Quijote cuando éste, pensando que la aventura había terminado, y que se hallaba delante de la princesa Micomicona, se hincó delante de Dorotea y dijo: —Alta y famosa señora, ahora puede usted vivir segura porque ya no le podrá hacer mal el mal nacido Pandafilando.

Todos se rieron de los disparates del caballero y su escudero, excepto el ventero quien se daba al diablo;° pero al fin, tanto hicieron el barbero, Cardenio y el cura, que finalmente lograron° acostar a don Quijote, quien se quedó dormido, con muestras de grandísimo cansancio.°

El cura logró finalmente aplacar° al ventero prometiéndole satisfacer su pérdida lo mejor que pudiera, así de los cueros como del vino. Dorotea consoló a Sancho, prometiendo darle el mejor condado de Micomicón. Sancho juró haber visto la cabeza del gigante, que tenía, por más señas,° una barba que le llegaba hasta la cintura. Pero dijo que no se la encontraba porque en esa casa había encantamientos. Dorotea le dijo que así lo creía; que todo se haría bien, y sucedería° a pedir de boca.°

sucedería it would turn out
a pedir de boca better than he could have hoped for

Notas

1. . . . *treinta segadores que los escuchaban:* Thirty illiterate harvesters would listen to the readings of the books of chivalry. Cervantes derides these books by making them the object of interest of the most uneducated group of Spain.

2. *Gonzalo Fernández de Córdoba:* The "Great Captain" was a brilliant general whose services against the Moors at Granada and the French in Naples were ungratefully repaid by King Ferdinand the Catholic. *Diego García de Paredes* was his companion in both campaigns.

3. *El curioso impertinente* is one of the interpolated novelettes in *Don Quijote.* Authors of the Spanish Golden Age often interpolated into their main works other materials they had written. This was a way to publish their secondary works. Sometimes the interpolated material was totally extraneous to the main topic. The *Curioso impertinente* is a knight in *Orlando.*

4. Wine was kept in very large bags made of sheepskins (and other skins). These bags were stored in cellars so that they would remain cool.

5. Don Quijote's buttocks were showing.

6. Once again, cold water is used as "shock treatment" for insanity.

7. At this point, Sancho is as mad as Don Quijote.

Preguntas

1. ¿Qué hizo don Quijote en la venta?

2. ¿En qué se interesaban los segadores y otros que allí se hospedaban? ¿Qué opinión tenía el ventero?

3. ¿Qué leyeron todos esa noche, en lugar de dormir? ¿Qué ocurrió de seguido?

4. ¿Qué vieron en la bodega de vino del ventero?

5. ¿Qué hizo entonces el ventero? ¿Qué hizo Cardenio?

6. ¿Qué buscaba Sancho? ¿Qué creía? ¿Para qué necesitaba lo que buscaba?

7. ¿Cómo terminó la aventura de los cueros de vino?

8. ¿Qué hacía el ventero?

9. ¿Cómo aplacaron a Sancho?

EPISODIO 5

Los cuatro jinetes° de antifaces negros.¹

jinetes horseback riders

Después del episodio de los cueros de vino, todos quedaron tranquilos, pero entonces el ventero, que estaba a la puerta de la venta, dijo: —Viene una hermosa tropa° de huéspedes. Si ellos paran aquí tendremos regocijo.°

tropa group
regocijo good time, joy

Llegaron a la venta cuatro jinetes cubiertos con antifaces negros, tres de ellos con lanzas y adargas, y una jineta vestida de blanco. Los seguían dos mozos a pie. Viendo esto, Dorotea se cubrió el rostro, y Cardenio se entró en el aposento donde don Quijote dormía.

Entraron los cuatro, que eran de muy gentil disposición y talle,° y uno tomó a la mujer en sus brazos y la ayudó a apearse. La sentó en una silla que estaba a la entrada del aposento donde Cardenio se había escondido.

talle physique

En todo ese tiempo, ni ella ni ellos se habían quitado los antifaces, ni hablado ninguna palabra; sólo al sentarse la mujer en la silla dio un profundo suspiro, y dejó caer° los brazos como persona enferma y desmayada.°

dejó caer let fall
desmayada fainting

Viendo esto el cura, y deseoso de saber quién era esa gente, se fue a uno de los mozos y le preguntó quiénes eran. El mozo respondió que no sabía, porque estaban siempre en silencio y ella suspiraba y sollozaba° y gemía.° Dijo que debía ser gente muy principal, especialmente el que ayudó a la mujer a apearse del caballo, porque los demás° le tenían respeto, y no se hacía otra cosa sino lo que él ordenaba.

sollozaba was sobbing
gemía was moaning

los demás the rest

Dijo además el mozo que los dos no sabían más, porque estaban acompañándoles sólo por dos días, por una oferta° de muy buen pago.

oferta offer

Dorotea, al escuchar los suspiros de la embozada,° movida de natural compasión, se fue hacia ella y se ofreció para consolarla.

embozada cloaked woman

La lastimada° señora callaba, y aunque Dorotea tornó° con mayores ofrecimientos, la señora no respondió hasta que llegó el caballero embozado, que

lastimada pitiful
tornó repeated

dijo el mozo que los demás obedecían, y dijo a Dorotea: —No te canses, señora, en ofrecer nada a esta mujer, porque no agradece lo que se hace por ella. Ni trates de que te responda,° porque si lo hace, te dirá mentiras.

ni trates de que te responda and don't try to make her respond to you

La señora finalmente habló, y dijo: —Jamás mentí. Antes, por decir la verdad, me veo en tanta desventura. Y quiero que tú mismo seas el testigo de esto porque mi pura verdad te hace ser falso y mentiroso.

Cardenio, quien estaba al otro lado de la puerta escuchándolo todo, dio una gran voz, diciendo: —¿Qué es esto que oigo? ¿Qué voz es ésta que ha llegado a mis oídos?

Aquella señora, sobresaltada, volvió la cabeza, se puso de pie, y trató de entrar en el aposento de donde provino la gran voz.

Al ver esto el caballero, la detuvo, abrazándola, sin dejarla mover un paso. Con la turbación° se le cayó a la dama el tafetán° con que cubría el rostro, descubriendo una hermosura incomparable.[2] Era Luscinda. Su rostro, aunque bello, estaba pálido y alterado, porque con sus ojos rodeaba° todo lo que se podía ver, con tanto ahínco° que parecía persona fuera de juicio.[3] Dorotea y los presentes sintieron gran pena por ella. En ese momento, al mirar al caballero que la abrazaba, Dorotea reconoció a don Fernando y comenzó a desmayarse, dejando salir de sus entrañas° un largo y tristísimo ¡ay!. El barbero, quien estaba a su lado, prontamente la recogió en los brazos.

turbación upset
tafetán taffeta

rodeaba she looked around

ahínco effort

entrañas depths

El cura acudió entonces a socorrerla y echarle agua en el rostro. En cuanto le quitó el tafetán del rostro, don Fernando la reconoció, aunque estaba abrazado de su esposa, y quedó casi muerto.

Luscinda procuraba soltarse° de don Fernando, porque había reconocido la voz de Cardenio. Cardenio oyó el ¡ay! de Dorotea, y pensando que era Luscinda, salió del aposento despavorido.° Lo primero que vio fue a don Fernando, quien tenía abrazada a Luscinda. También don Fernando reconoció a Cardenio. Los tres se quedaron asombrados mirándose entre sí.

soltarse get loose

despavorido terrified

Luscinda rompió el silencio: —¡Déjame ir, don Fernando, hacia quien no me han podido apartar tus regalos, tus amenazas,° tus promesas y tus importunaciones!° ¡Mira cómo el cielo me ha puesto delante a mi verdadero esposo! Bien sabes que sólo la muerte fuera bastante para borrarlo° de mi memoria.

amenazas threats

importunaciones bothersome requests
borrarlo to erase him

Al escuchar esto, Dorotea reconoció a Luscinda, se puso de pie, fue a hincarse a los pies de don Fernando, y con muchas lágrimas dijo: —Yo soy aquella labradora humilde a quien tú quisiste levantar a la alteza° de poderla llamar tuya. Tú quisiste que yo fuera tuya y no será posible que dejes de ser mío. La hermosa Luscinda no es tuya, porque es de Cardenio. Te será más fácil, si lo piensas bien, querer a quien te adora.

alteza lofty heights

—Si no me quieres por esposa, quiéreme por lo menos como esclava,° y me tendré por dichosa.° No des tan mala vejez a mis padres, pues no lo merecen. Quieras o no quieras, soy tu esposa. Me diste tu palabra de honor.[4]

esclava slave

me tendré por dichosa I will consider myself lucky

Luego Dorotea se bañó en lágrimas. Fernando lo escuchó todo, sin replicar palabra. Luscinda estaba admirada de la discreción de Dorotea y quería ir a ella, pero continuaba asida° por los brazos de Fernando. Éste, confuso y asombrado, al cabo de un buen rato que estuvo mirando a Dorotea, abrió los brazos, dejando libre a Luscinda, y dijo: —Venciste hermosa Dorotea, venciste, porque no puedo negar tus verdades.

asida restrained

En este momento Cardenio, quien se hallaba detrás de don Fernando para que no lo reconociera, acudió a Luscinda y la tomó en sus brazos diciendo: —Si el cielo quiere que tengas descanso, aquí están mis brazos, para tu seguridad, hermosa señora mía.

Luscinda lo abrazó y juntó su rostro al de Cardenio y dijo: —Tú, sí, señor mío, eres el dueño de esta cautiva.°

cautiva slave

En esto don Fernando mudó° de color e hizo ademán° de querer vengarse de Cardenio poniendo la mano en la espada. Dorotea lo impidió, abrazándolo por las rodillas, y le preguntó que si quería deshacer lo que el cielo había hecho.

mudó changed
ademán gesture

Cardenio por su parte se preparó a defenderse y ofender lo mejor que pudiera. En esto, dijo el cura que sólo la muerte podía apartar a Luscinda de Cardenio. Le dijo además que si era caballero y cristiano, no podía hacer otra cosa que cumplir la palabra dada. Don Fernando finalmente se rindió.° Se bajó° y abrazó a Dorotea levantándola del suelo y dijo: —Levántate, señora mía. No es justo que esté arrodillada° quien la tengo en mi alma. Mira los ojos de la feliz Luscinda. Allí está la disculpa° de todos mis yerros.° Ella alcanzó todo lo que deseaba, y yo he hallado en ti mi felicidad.

se rindió he surrendered
Se bajó He lowered himself
arrodillada kneeling
disculpa excuse
yerros mistakes, errors

Y diciendo esto, juntó su rostro al de Dorotea y derramaron° muchas lágrimas de amor.

derramaron he shed

Sancho Panza también lloraba, pero como él mismo dijo, porque Dorotea no era la reina Micomicona, de quien tantas mercedes esperaba.[5]

El cura, como discreto, daba el parabién° a cada uno por lo que habían resuelto. Pero quien más se contentaba era la ventera, porque Cardenio y el cura habían prometido pagarle toda la cuenta, incluyendo los daños, con intereses,° incurridos° por don Quijote.[6] Sólo Sancho se lamentaba de su suerte. Y así entró en el aposento donde don Quijote acababa de despertar de un sueño profundo, y le dijo: —¡Duerma usted lo que quiera, señor Triste Figura,[7] porque ya no necesitará ni matar gigantes, ni devolver reinos a princesas, porque todo ha terminado!

el parabién congratulations

intereses interest
incurridos incurred

Don Quijote respondió: —Es así, Sancho, porque he tenido una descomunal batalla con Pandafilando, y ¡zas!,° le derribé la cabeza al suelo. La sangre corría como si fuera agua.

zas zap

Sancho intercaló: —Diría vuestra merced mejor, "como si fuera vino tinto," porque quiero que sepa vuestra merced que el gigante muerto es un cuero horadado de vino, y la sangre, seis arrobas[8] de vino tinto, y ¡al diablo con todo!

Sancho continuó: —¡Levántese vuestra merced y verá lo que ha hecho, y lo que tenemos que pagar!

Don Quijote explicó: —No me maravilla nada esto, porque, si bien te acuerdas, la otra vez que estuvimos aquí te dije yo que todo lo que sucedía en esta posada eran cosas de encantamiento.

Sancho insistió: —Todo lo creyera yo si mi manteamiento fuera cosa de encantamiento. Pero aquí está el mismo ventero que me hacía volar por los aires con tanta risa como fuerza.

Don Quijote dijo que Dios lo remediaría todo y pidió luego a Sancho que lo ayudara a vestirse porque quería ver los sucesos como los había dicho Sancho. Mientras tanto, el cura informó a don Fernando de la locura de don Quijote, y el artificio° que hicieron para sacarlo de la montaña. Para terminar de llevarlo a su casa a don Quijote, pensaron continuar la historia de Micomicona, esta vez con el consentimiento y ayuda de don Fernando.

Salió, en esto, don Quijote, armado de todos sus pertrechos,° con el yelmo (aunque abollado°) de Mambrino en la cabeza, su rodela al brazo y su lanzón en la otra mano. Todos quedaron suspensos y sorprendidos con su extraña apariencia, pero callaron hasta ver lo que él decía, y él habló de esta manera: —Señora mía, mi escudero me ha informado que tu grandeza ha terminado, porque de reina que eras, te has convertido en una doncella. Esto debe ser porque tu padre, siendo un rey nigromante° y temeroso de que yo no cumpla mi promesa, hizo esta magia.°

No dijo más don Quijote, y esperó la respuesta de Dorotea, que fue así: —Valeroso caballero de la Triste Figura, soy la misma que fui ayer, aunque ha habido ciertos cambios de buena ventura.° Pero no por eso he dejado de valerme° del valor de vuestro valeroso e invulnerable brazo.⁹ Lo que nos falta ahora es que mañana deberemos ponernos en camino porque ya anochece.

Entonces don Quijote se volvió a Sancho y le dijo: —¡Sancho, eres el bellaco más grande que hay en España! ¡Dime, ladrón vagamundo!° ¿No ves a la princesa Micomicona? ¿Crees que no corté la cabeza al gigante Pandafilando?

Y don Quijote miró al cielo e hizo crujir los dientes°10 y dijo que estaba listo para hacer estrago° en Sancho. Sancho le suplicó a su amo que se calmara, y le dijo que era posible que se hubiera engañado en lo que tocaba al cambio de Micomicona. Pero dijo que lo del gigante, eso sí estaba seguro que eran cueros de vino.

Don Quijote satisfecho replicó: —¡Eres un mentecato!° ¡Perdóname y basta!11

Don Fernando mandó que no se hablara más de eso. Dijo también que debían pasar el resto de esa noche en buena conversación hasta el día siguiente, cuando prosiguieran su marcha.

artificio trick

pertrechos equipment
abollado dented

nigromante necromancer, magician
magia magic, enchantment

buena ventura good fortune
valerme to depend on

vagamundo vagabond

hizo crujir los dientes ground his teeth
hacer estrago to cause harm

mentecato half-wit

Notas

1. *antifaces negros:* These were masks to protect the highway travelers from the dust and the sun (See Part I, Ch. 19, Note 3).

2. There are now two beautiful women at the inn. Notice all the surprises, faintings, and body language when the couples look at each other.

3. Again Cervantes uses rolling of the eyes to signify insanity.

4. *palabra de honor:* To give one's word was legally binding.

5. Sancho cries because of his greed and self pity.

6. The *ventera* and Sancho have a lot in common.

7. *Triste Figura:* In an earlier episode, Sancho had dubbed Don Quijote *El Caballero de la Triste Figura* (The Knight of the Sad Countenance) because he lost so many teeth in battle.

8. *seis arrobas:* about nineteen gallons.

9. Notice Dorotea's alliteration (*v*alerme, *v*alor, *v*uestro, in*v*ulnerable, *b*razo) as she makes fun of Don Quijote.

10. *. . . hizo crujir los dientes:* Don Quijote doesn't have very many teeth left. Notice, once again, his body language as he becomes angered.

11. Don Quijote, again, apologizes quickly to Sancho.

Preguntas

1. ¿Qué anunció el ventero? ¿Qué hicieron Dorotea y Cardenio?

2. ¿Qué hicieron los jinetes?

3. ¿Qué informó un mozo sobre los huéspedes?

4. Cuando Dorotea fue a consolar a la embozada, ¿qué le explicó el caballero principal?

5. ¿Qué sucedió luego?

6. ¿Qué pidió Luscinda a Fernando?

7. ¿Qué dijo al escucharla Dorotea?

8. ¿Qué decidió Fernando entonces?

9. ¿Qué hizo Cardenio?

10. ¿Por qué mudó de color Fernando? ¿Qué sucedió después?

11. ¿Qué dijo el cura?

12. ¿Por qué lloraba Sancho?

13. ¿Por qué se contentaba la ventera?

14. Cuando Sancho le dijo a don Quijote que el gigante muerto era un cuero de vino, ¿a qué atribuyó esto don Quijote?

15. ¿Por qué no cree Sancho en encantamientos esta vez?

16. ¿Qué quiso verificar don Quijote?

17. ¿Qué pidió Dorotea a don Quijote?

18. ¿Qué le dijo don Quijote entonces a Sancho?

19. ¿Qué suplicó Sancho a don Quijote?

20. ¿Qué respondió don Quijote?

21. ¿Qué mandó don Fernando?

22. ¿Cómo recomienda que pasen la noche?

Episodio 6

La burla a don Quijote.

En toda la venta se guardaba un gran silencio. Solamente no dormían la hija de la ventera y Maritornes su criada. Éstas sabían que don Quijote estaba armado y a caballo haciendo la guarda y determinaron hacerle una burla.

Era, pues, el caso que en toda la venta no había ventana que diera al campo,° sino un agujero de un pajar,° por donde echaban la paja desde afuera. Las dos semidoncellas se situaron en este agujero, por donde vieron que don Quijote estaba a caballo, arrimado a su lanza. Él estaba dando de cuando en cuando dolientes y profundos suspiros, y con voz blanda decía: —¡Oh, mi señora Dulcinea, extremo de toda hermosura! ¿Qué estarás haciendo en este momento? Y tú, sol, que ya debes estar a prisa ensillando tus caballos, por

diera al campo opened to the outside
agujero de un pajar opening to the hayloft

madrugar y salir a ver a mi señora Dulcinea, salúdala, pero no la beses en el rostro, porque tendré grandes celos de ti . . .[1]

A este punto llegaba don Quijote en su lastimero° razonamiento, cuando la hija del ventero lo comenzó a cecear° por el agujero y a decirle: —Señor mío, venga aquí, si es servido.°

Don Quijote volvió la cabeza y vio, a la luz de la luna que entonces estaba en toda su claridad, que lo llamaban de un agujero que a él le pareció una ventana con rejas doradas.°

Pensó entonces que otra vez, como la vez pasada, lo llamaba la doncella hija de la señora de ese castillo quien, nuevamente vencida de amor por él, tornaba a solicitarlo. Volvió las riendas a Rocinante y se llegó al agujero, y así como vio a las mozas dijo: —Tengo lástima de ti, hermosa señora, porque has puesto tu amor en mí, y no puedo corresponderlo como mereces.° Mi amor está imposibilitado porque lo tiene Dulcinea, la señora absoluta de mi alma. Perdóname, hermosa señora y recógete° a tu aposento. Si puedo satisfacerte en otra cosa que no sea amor, te juro por Dulcinea que te lo daré, aunque fueran los mismos cabellos de Medusa.[2]

Maritornes dijo al punto: —No necesita nada de eso mi señora.

Don Quijote entonces preguntó: —Pues, ¿qué quisiera entonces tu señora?

Maritornes replicó: —Sólo quiere una de sus manos para poder desahogar° en ella el gran deseo que la ha traído aquí. Está mi señora en tal peligro que si su señor padre la hubiera sentido, la menor tajada° que le hubiera dado habría llevado su oreja.

A Maritornes le pareció que don Quijote le daría la mano. Entonces corrió a la caballeriza,° tomó el cabestro del jumento de Sancho y regresó con mucha presteza al agujero, al tiempo que don Quijote, puesto de pies° sobre la silla de Rocinante para alcanzar el agujero ponía la mano en él diciendo: —Toma, señora, esa mano, o ese verdugo° de malhechores,° que nunca ha tocado a otra mujer alguna.[3] Te la doy, no para que la beses, sino para que mires la contextura de sus nervios,° sus músculos, sus venas. Por eso concluirás que será grande la fuerza de su brazo.

Maritornes, haciendo un lazo corredizo° al cabestro, la echó a la muñeca.° Bajando de su agujero, ató el resto del cabestro al cerrojo° de la puerta del pajar. Don Quijote, al sentir la aspereza° del cabestro, dijo que sentía que le rallaba° la mano, y que no debía vengarse de la mano, porque ésta no tenía la culpa de su falta de amor.

Pero todas estas razones de don Quijote ya no las escuchaba nadie, porque, así como Maritornes lo ató, ella y la otra se fueron, muertas de risa, y lo dejaron atado de tal manera que le fue imposible soltarse.

Don Quijote estaba, pues, de pie sobre Rocinante, con todo el brazo metido por el agujero, y atado de la muñeca. Temía que si Rocinante se movía un paso, él quedaría colgado° del brazo. Por eso no osaba moverse, aunque por la

---

lastimero pitiful

cecear to call by saying "psst"

si es servido if you please

rejas doradas golden grillwork

mereces you deserve

recógete withdraw

desahogar to relieve

menor tajada the slightest cut

caballeriza stable

puesto de pies standing

verdugo executioner
malhechores evildoers

nervios sinews

lazo corredizo slip knot, noose
la echó a la muñeca slipped it onto his wrist
cerrojo bolt
aspereza roughness
rallaba she was grating

colgado hanging

paciencia de Rocinante, bien podía esperarse que estaría sin moverse un siglo entero.

Una vez más imaginó don Quijote que todo aquello era obra de encantamiento, y que como la vez pasada, en aquel mismo castillo, lo molió aquel moro encantado del arriero. Con todo esto, tiraba° de su brazo, mas todo fue en vano.

tiraba pulled

Llamó entonces a su buen escudero Sancho Panza, pero éste dormía profundamente sobre su albarda. Allí llamó a los sabios Lirgandeo y Alquife, invocó a su buena amiga Urganda y finalmente lo tomó la mañana,° tan desesperado y confuso, que bramaba° como un toro, porque creía que así estaría eternamente por un encantamiento.

le tomó la mañana morning caught him
bramaba was roaring, bellowing

Pero don Quijote se engañaba, porque cuando apenas comenzó a amanecer, llegaron a la venta cuatro hombres a caballo. Estaban muy bien vestidos y llevaban sus escopetas en las fundas° de las monturas. Llamaron a la puerta de la venta con grandes golpes, y don Quijote, quien aún no dejaba de hacer centinela,° contestó con voz arrogante: —Caballeros, o escuderos, o quienquiera que sean: ¡no deben llamar a la puerta de este castillo, porque aunque ya está claro el día, los que están dentro duermen! Desvíense° por fuera y esperen que aclare° más el día, y entonces veremos si será o no será justo que les abran.

fundas coverings

hacer centinela to stand guard, watch

Desvíense Move away
aclare it gets lighter

Uno de ellos dijo: —¿Qué diablos de fortaleza o castillo es éste para que tengamos que hacer ceremonias? Ventero, manda que nos abran. Sólo queremos dar cebada a nuestros caballos y seguir nuestro camino, porque vamos de prisa.

Don Quijote preguntó: —¿Les parece, caballeros, que yo tengo talle° de ventero?

yo tengo talle do I look like

Otro comentó: —Dices disparates al llamar° castillo a esta venta.

al llamar in calling

Don Quijote contradijo: —¡Castillo es, y de los mejores! Hay gente dentro con corona° en la cabeza y cetro° en la mano.

corona crown
cetro scepter
al revés the other way around

El caminante respondió: —Mejor al revés,° el cetro en la cabeza y la corona en la mano, porque debe estar dentro alguna compañía de cómicos.⁴

Sucedió que en ese momento, una de las cabalgaduras en que venían los cuatro caminantes se llegó a oler a Rocinante, quien aunque melancólico y triste, y con las orejas caídas,⁵ no dejó de resentirse° y tornar a oler a quien le llegaba a hacer caricias.°

no dejó de resentirse couldn't resist showing some feeling
hacer caricias to caress him
un tanto a bit

Y así, se movió un tanto,° y don Quijote, resbalando de la montura, diera en el suelo, a no quedarse° colgado del brazo. Esto le causó tanto dolor que creyó o que le cortaban la muñeca o que le arrancaban° el brazo.

a no quedarse if he hadn't remained
arrancaban they were tearing off

Fueron tantas las voces que don Quijote dio que el ventero salió de la venta despavorido° a ver quien daba tantos gritos. Los que estaban fuera hicieron lo mismo.

despavorido sorely frightened

Maritornes, imaginando lo que podía ser, se fue al pajar y desató, sin que nadie lo viera, el cabestro que sostenía a don Quijote. Él cayó luego al suelo,⁶ a

. . . y don Quijote, resbalando de la montura, diera en el suelo, a no quedarse colgado del brazo.

plena vista° del ventero y los otros presentes, quienes le preguntaron qué tenía **a plena vista** in plain sight
y por qué daba tan grandes voces.

Él, sin responder palabra, se quitó el cabestro de la mano, y levantándose en
pie, subió sobre Rocinante, embrazó su adarga, enristró su lanza, y tomando
buena parte del campo,[7] volvió a medio galope diciendo: —¡Cualquiera que
dijera que yo he sido justamente encantado miente! Y yo lo reto y desafió° a **reto y desafío** challenge
singular batalla.

Los nuevos huéspedes quedaron admirados, pero el ventero les dijo que era
don Quijote, y que no había que hacerle caso, porque estaba fuera de juicio.
Don Quijote, al ver que ninguno de los cuatro caminantes hacía caso de él,
moría de rabia,° despecho° y saña.° Quería embestir a todos, pero no podía **rabia** rage
despecho indignation
saña fury
comenzar una nueva empresa hasta poner a Micomicona en su reino.

Notas

1. Apollo, god of the sun, had a chariot pulled by very spirited horses. These
   horses would only heed Apollo.

2. *Medusa:* In mythology, she was one of the three gorgons. She had serpents
   for hair. She could also turn those who stared at her into stone.

3. Don Quijote confesses that he has never been with a woman.

4. *compañía de cómicos:* Players, troubadours, buffoons, etc., performed in
   castles, inns, and public squares. Don Quijote must have looked and
   sounded to these four riders like an actor in costume.

5. Rocinante is portrayed many times as the parody of his master.

6. The cruel pranks are typical of this period.

7. . . . *tomando buena parte del campo:* Going away a distance with his horse, so
   he could pick up speed for the charge.

Preguntas

1. ¿Qué burla hicieron a don Quijote la hija del ventero y Maritornes?

2. ¿Qué le pidió Maritornes a don Quijote? ¿Qué hizo ella luego?

3. ¿Cómo quedó entonces don Quijote?

4. ¿Quiénes llegaron a la venta? ¿Cómo los recibió don Quijote?

5. ¿Qué hizo Rocinante?

6. ¿Qué hizo entonces el ventero?

7. ¿Qué querían los cuatro caminantes?

8. ¿Por qué daba don Quijote grandes voces?

9. ¿Por qué retó don Quijote a los presentes?

10. ¿Qué explicó el ventero?

11. ¿Por qué no embistió don Quijote a todos?

EPISODIO 7

De cómo fue encantado don Quijote.

Habían pasado ya dos días desde que aquella ilustre compañía había estado en la venta. Pareciéndoles que ya era tiempo de partir, hicieron planes para llevar a don Quijote a su aldea. Decidieron excusar de ir a la aldea de don Quijote a don Fernando y Dorotea, porque no querían molestarlos más.

Ya era necesario tratar de curar la locura de don Quijote, y lo harían el cura y el barbero en su propia aldea. Y aquí debía terminar la invención del reino de Micomicona en Etiopía.

Para el efecto, concertaron con un boyero° para que llevara a don Quijote. Entonces hicieron una jaula de palos enrejados,° en la que pudiera caber holgadamente° don Quijote.

Don Fernando y sus camaradas, juntamente con el ventero, todos, por orden y parecer del cura, se disfrazaron, cubriéndose los rostros para que don Quijote creyera que era otra gente que la que había visto en el castillo.[1]

Hecho esto, con grandísimo silencio, se entraron donde don Quijote estaba durmiendo profundamente. Se llegaron a él, y asiéndole fuertemente, lo ataron muy bien las manos y los pies, de modo que cuando él despertó sobresaltado, no pudo moverse ni hacer otra cosa que admirarse de tan extraña situación.

concertaron con un boyero they made arrangements with an oxcart driver
jaula de palos enrejados cage of wooden grillwork
caber holgadamente to fit comfortably

Vino la jaula, encerraron adentro a don Quijote, y clavaron los maderos fuertemente.

Don Quijote en su imaginación creyó que todas aquellas figuras eran fantasmas de aquel castillo encantado, y que sin duda alguna, ya estaba encantado, porque no se podía mover.

Todo le salió a perfección al cura, creador° de esta trama. Sólo Sancho estaba en su mismo juicio y vestido como de costumbre, aunque ya le faltaba muy poco para tener la misma enfermedad de su amo.

Sancho, empero,° no dejó de reconocer a todas esas contrahechas figuras,° pero no descosió los labios° sino hasta ver en qué paraba todo aquello. Don Quijote tampoco hablaba palabra, porque quería ver en qué paraba su desgracia.°

Vino la jaula, encerraron adentro a don Quijote, y clavaron los maderos° fuertemente. Luego se escuchó una voz formada° por nuestro barbero, que decía: —¡Oh, Caballero de la Triste Figura! No te acongojes° por la prisión en la que vas. Sabe que tus aventuras terminarán cuando el furibundo león manchego° y la paloma tobosina° se hagan uno° en matrimonio.

—De este consorcio° nacerán los bravos cachorros,° que imitarán las rapantes garras° del valeroso padre.[2]

Don Quijote quedó consolado con esta profecía, porque vio que se uniría en santo matrimonio con su querida Dulcinea, de cuyo vientre° saldrían sus hijos, los cachorros, para gloria perpetua de la Mancha.

Luego los disfrazados tomaron la jaula en hombros,° y la acomodaron en el carro de los bueyes.° Cuando don Quijote se vio de aquella manera enjaulado,° se sintió confuso porque nunca había leído o visto que los caballeros encantados fueran llevados en carretas° tiradas° por perezosos° bueyes.[3]

Don Quijote recordó que a los caballeros andantes siempre los llevaban volando por los aires, encerrados en nubes negras o en carros de fuego.° Pero al fin pensó que debía ser la caballería y los encantos modernos, y otros modos de llevar a los encantados.

Las damas del castillo (la ventera, su hija y Maritornes) salieron a despedirse de don Quijote, fingiendo que lloraban de dolor de su desgracia. El cura y el barbero se despidieron de don Fernando y sus camaradas, y de las contentas señoras, especialmente de Dorotea y Luscinda.

Todos se abrazaron y quedaron en° escribirse dándose noticias de sus sucesos:° de don Quijote y de Luscinda. Tornaron a abrazarse otra vez y todos partieron.

Comenzaron su camino, primero la carreta, guiada por su dueño, con dos cuadrilleros, armados de sus escopetas, a sus lados. Seguía Sancho Panza sobre su asno, llevando de la rienda a Rocinante. Detrás de todos iban el cura y el barbero, con el rostro cubierto. Don Quijote iba sentado en la jaula, las manos atadas, tendidos los pies,° y arrimado a las verjas,° con tanta paciencia, que parecía una estatua de piedra.

creador creator

empero nevertheless
contrahechas figuras deformed figures
descosió los labios unzip his lips
en qué paraba su desgracia how his misfortune would end
clavaron los maderos they locked the wood rails
voz formada ghostly voice
No te acongojes Do not be sorry
furibundo león manchego the roaring lion of La Mancha
paloma tobosina the dove of Toboso
se hagan uno become one
consorcio union, marriage
bravos cachorros brave cubs
rapantes garras cutting claws
de cuyo vientre from whose womb
en hombros on their shoulders
carro de los bueyes oxcart
enjaulado caged

carretas carts
tiradas drawn, pulled
perezosos lazy
carros de fuego chariots of fire

quedaron en agreed to
sucesos events, happenings

tendidos los pies legs flat on the floor
arrimado a las verjas leaning on the gridwork

Y así, en silencio, caminaban ya hasta dos leguas. En esto, volvió el cura el rostro, y vio que a sus espaldas venían seis o siete hombres a caballo. Venían diligentes° sobre lo que parecía mulas de canónigo.° Llegaron los diligentes a los perezosos y se saludaron cortésmente.

diligentes in a hurry
mulas de canónigo mules of a canon (i.e., very comfortable)

Uno de ellos, que en realidad era canónigo de Toledo y señor de los demás, viendo la procesión y don Quijote enjaulado en el carro, no pudo dejar de preguntar a un cuadrillero qué significaba llevar a aquel hombre de aquella manera.

Al escucharlo, don Quijote respondió que si fueran peritos° en lo de la caballería andante, entenderían su desgracia; de otra manera, no quería cansarse diciéndola. El canónigo respondió que en verdad sabía mucho de los libros de caballerías. Don Quijote replicó: —Pues así es. Quiero, señor caballero, que sepas que voy encantado en esta jaula, por envidia de los malos encantadores. La virtud es más perseguida de los malos que amada de los buenos.[4]

peritos experts

En esto se acercaron el cura y el barbero, y para responder de manera que no fuera descubierto su artificio, habló el cura: —Dice la verdad el señor don Quijote de la Mancha. Él va encantado en esta carreta, no por sus pecados, sino por la mala intención de aquéllos a quien la virtud enfada° y la valentía° enoja. Éste es, señor, el Caballero de la Triste Figura, cuya fama será escrita en bronces duros° y eternos mármoles.°

enfada angers
valentía bravery

bronces duros bronze plaques
eternos mármoles eternal marble
preso prisoner
estuvieron ... cruz they were ready to make the sign of the cross
entero juicio he is sane
hace sus necesidades he cares for his bodily functions

Cuando el canónigo y los suyos oyeron hablar al preso° y al libre en semejante estilo, estuvieron por hacerse la cruz° de admiración. En esto, Sancho Panza, que se había acercado por oír la plática, dijo: —Señores, es el caso que mi amo no va encantado, porque tiene su entero juicio.° Él come, bebe y hace sus necesidades° como los demás hombres, y como las hacía ayer, antes de que lo enjaularan.

—Siendo así, ¿cómo puede ir encantado? Yo he oído decir a muchas personas que los encantados ni comen, ni duermen, ni hablan. Y mi amo habla más que treinta procuradores.°

procuradores lawyers

Y volviéndose a mirar al cura dijo: —¡Ah, señor cura! ¿Pensaba usted que yo no lo reconozco, y no sé dónde van estos encantamientos? Pues sepa que lo conozco, por más que se cubra el rostro.° ¡Mal haya el diablo,°[5] que si no fuera por usted, mi amo ya estuviera casado con la reina Micomicona, y yo fuera conde!

por más ... rostro even though you are covering your face
Mal haya el diablo Cursed be the devil

—Lo que más me pesa° es que mis hijos y mi mujer que debían esperar ver entrar a su padre por sus puertas hecho gobernador o virrey° de alguna ínsula o reino, lo verán entrar hecho mozo de caballos.

Lo que más me pesa What grieves me the most
virrey viceroy

—Le digo esto, su reverencia, para que usted se haga cargo de todos los bienes° que mi señor don Quijote deja de hacer mientras está preso.

los bienes the good things

El barbero exclamó: —¡Qué disparate! ¿También tú, Sancho, eres de la

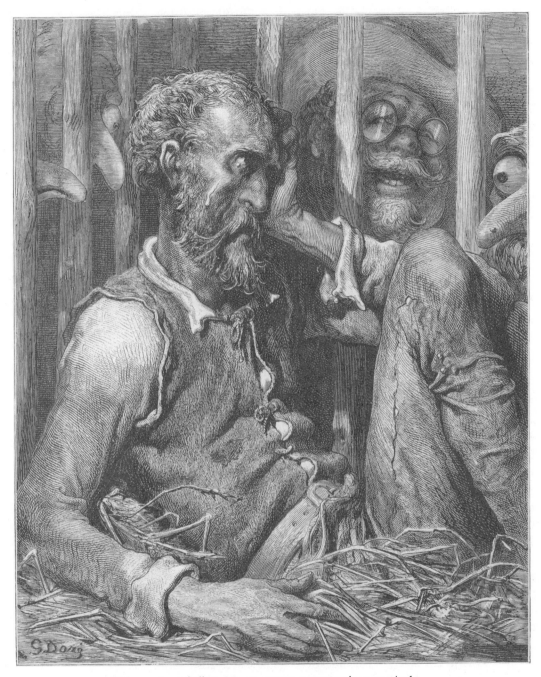

—*Quiero, señor caballero, que sepas que voy encantado en esta jaula,*
por envidia de los malos encantadores.

cofradía° de tu amo? ¡Bien veo que le debes hacer compañía en la jaula, y que has de quedar encantado como él! ¡En mala hora° te llenaste la cabeza con sus promesas!

Sancho replicó: —Nadie me ha llenado la cabeza, ni la dejaría llenar del rey que fuera.° Aunque pobre, soy cristiano viejo,[6] y no debo nada a nadie. Y debajo de ser hombre,° puedo llegar a ser papa, y gobernador de ínsulas, porque mi señor puede ganar tantas que le falte a quien dárselas. ¡Y usted, señor barbero, mire cómo habla; que no todo es hacer barbas!°

No quiso responder el barbero a Sancho, para que no descubriera con su simplicidad lo que él y el cura tanto procuraban escribir. Por este mismo temor, el cura había pedido al canónigo que caminaran adelante, así le podría contar el misterio del enjaulado.

Así lo hicieron y tanto el canónigo como sus criados quedaron admirados de la locura de don Quijote. Mientras tanto, viendo Sancho que podía hablar a su amo a escondidas del° cura y el barbero, se llegó a la jaula donde iba don Quijote y le dijo: —Señor, para descargo° de mi conciencia, le quiero decir lo que pasa acerca de su encantamiento. Los dos que tienen cubiertos los rostros son el cura y el barbero. Lo hacen así de pura envidia de los famosos hechos que vuestra merced hace.

—Entonces sigue que es verdad que vuestra merced no va encantado sino embaucado° y tonto. Para probar lo que digo, le preguntaré una cosa. Y si vuestra merced me responde, como lo creo, tocará con su propia mano el engaño.

Don Quijote respondió: —Pregunta lo que quieras y responderé con toda puntualidad.

Sancho entonces preguntó: —¿Le ha venido gana° y voluntad de hacer aguas mayores o menores,° como suele decirse?

Don Quijote comentó: —No entiendo qué es eso de hacer aguas, Sancho. Aclárame más.°

Sancho dijo entonces: — Pues sepa que quiero saber si le ha venido gana de hacer lo que no se excusa.°

Don Quijote contestó: —Ya te entiendo Sancho. Sí, y muchas veces. Ahora mismo las tengo. ¡Sácame de este peligro!

Sancho dijo: —¡Ah! Esto es lo que yo deseaba saber, porque dicen que cuando la persona ni come, ni bebe, ni duerme, ni contesta a lo que le preguntan, está encantada. Entonces yo concluyo que no lo están aquéllos que tienen las ganas que vuestra merced tiene.

Don Quijote respondió: —Verdad dices, Sancho.

Sancho advirtió entonces: —Para mayor abundancia y satisfacción, sería bien que vuestra merced probara salir de esa prisión. Yo me obligaré a sacarlo de ella.

En estas pláticas estuvieron el caballero andante y su escudero, hasta que llegaron a un verde prado, donde estaban esperándolos el canónigo, el cura y el barbero.

El boyero desunció° a los bueyes y los dejó andar a sus anchas° en ese verde y apacible sitio. Sancho, por su parte, pidió al cura que le permitiera salir a su señor por un rato de la jaula, porque si no lo dejaban salir, no iría tan limpia aquella prisión.

desunció unyoked
a sus anchas to wander freely

El cura entendió y dijo que lo haría de buena gana,° si no temiera que don Quijote escapara. Entonces don Quijote dio su palabra de caballero.

de buena gana willingly

Y diciendo esto, don Quijote se apartó con Sancho a una parte remota, de donde volvió muy aliviado.°

aliviado relieved

Notas

1. The "play" within the novel continues.

2. The complimentary prophesy suits Don Quijote well. The metaphors—lion, dove, and cubs—are unquestionably flattering.

3. In *Lancelot* by Chrétien de Troyes (twelfth century), a midget pulls Lancelot's cart.

4. Don Quijote is truly virtuous.

5. Sancho's oath implies that the devil is guiding the actions of the priest.

6. *cristiano viejo:* That is, not having either Jewish or Moorish blood. Because of the Inquisition, so-called purity of blood was an obsessive concern during Cervantes's time.

Preguntas

1. Después de dos días en la venta, ¿qué hicieron don Fernando y Dorotea? ¿Qué se preparó para llevar a don Quijote a su aldea?

2. ¿Qué harán todos, por orden del cura? ¿Cuáles son los locos ahora?

3. ¿Qué pensó de esto Sancho?

4. ¿Qué se escuchó luego de que pusieron a don Quijote en la jaula? ¿Qué efecto tuvo esto en don Quijote?

5. Cuando enjaularon a don Quijote, ¿por qué se sintió confuso?

6. ¿Qué hicieron todos entonces?

7. ¿Cómo partieron los de don Quijote?

8. ¿Qué sucedió a dos leguas de caminar?

9. ¿Qué explicó don Quijote al canónigo?

10. ¿Qué observación hizo Sancho Panza?

11. El barbero le dijo a Sancho que estaba tan loco como don Quijote. ¿Qué replicó a esto Sancho?

12. Cuando el cura y el canónigo se adelantaron un poco, ¿qué hizo entonces Sancho?

Episodio 8

La aventura de los disciplinantes.°

disciplinantes flagellants

Era el caso que en ese año no había llovido, y por todos los lugares de aquella comarca° se hacían procesiones, rogativas° y disciplinas,° pidiendo a Dios que lloviera. Para el efecto° la gente de una aldea cercana venía en procesión a una hermita° que había en un recuesto.°

comarca territory
rogativas prayer meetings
disciplinas privations
Para el efecto For that purpose
hermita hermitage
recuesto slope

Don Quijote, que vio los extraños trajes de los disciplinantes,[1] sin pasarle por la memoria las muchas veces que debía haberlos visto, se imaginó que era otra aventura, y que sólo a él le tocaba acometerla. Se confirmó aun más cuando imaginó que una imagen que traían cubierta de luto° fuera alguna señora principal, a quien llevaban a la fuerza aquellos follones y descomedidos malandrines.[2] Entonces, con gran ligereza, subió sobre Rocinante y embrazó su adarga, y dijo en alta voz a todos los presentes: —Si se han de estimar° los caballeros andantes, verán en libertad a aquella buena señora que allí viene cautiva.

cubierta de luto covered in black cloth (i.e., as in mourning)

estimar respect

Diciendo esto, espoleó a Rocinante, y a todo galope (porque Rocinante nunca había podido correr) fue a enfrentarse con° los disciplinantes. El cura, el canónigo y el barbero fueron a detenerlo pero no fue posible. Tampoco las

enfrentarse con to confront

voces que Sancho daba lo pudieron detener. Sancho estaba diciendo:
—¿Adónde va, señor don Quijote? ¿Qué demonios lo incitan a ir contra
nuestra fe católica? ¡Advierta que aquélla es una procesión de disciplinantes!
¡Aquella señora que llevan es la imagen de la bendita° Virgen María! ¡Mire,   **bendita** blessed
señor, lo que hace!

   Don Quijote no oyó palabra. Llegó a la procesión, paró a Rocinante, y dijo:
—¡Dejen libre inmediatamente a esa hermosa señora, cuyas lágrimas y triste
semblante° dan muestras claras que la llevan contra su voluntad! ¡Yo nací para   **semblante** face
deshacer agravios, y no consentiré que den un paso adelante sin que se le dé la
deseada libertad que merece!

   Al escuchar estas razones todos los presentes se dieron cuenta de que debía
ser algún hombre loco, y se rieron de muy buena gana. Esto fue poner pólvora°   **poner pólvora** add fuel to the
a la cólera de don Quijote. Entonces, sin decir palabra, sacó su espada y les   fire
arremetió. Uno de aquéllos enarboló° una horquilla° y recibió en ella una gran   **enarboló** to raise up high
cuchillada que tiró don Quijote. La horquilla fue partida en dos partes. Con lo   **horquilla** forked branch
que le quedó en la mano asentó° ese hombre tal golpe a don Quijote encima de   **asentó** placed
un hombro,° que el pobre don Quijote vino al suelo muy malparado.°   **encima de un hombro** on one
                                                                              of his shoulders
   Sancho Panza, viéndolo caído, dio voces a su moledor,° diciendo que no le   **malparado** in a sorry state
diera otro palo, porque era un pobre caballero encantado, que no había hecho   **moledor** attacker
mal a nadie en toda su vida. Mas lo que detuvo al villano no fueron las voces de
Sancho, sino el ver que don Quijote no se movía. Y así creyendo que le había
muerto, se alzó la túnica hasta la cintura,° y huyó por la campiña° como un   **alzó … cintura** he raised his
gamo.°   habit to his waist
                                                                              campiña meadow
   En esto llegaron los de la compañía de don Quijote donde él estaba. Los de   **gamo** deer
la procesión, al verlos venir corriendo, y con ellos los cuadrilleros con sus
escopetas, se hicieron un remolino° alrededor de la imagen y se prepararon   **remolino** whirlpool
para el asalto. Pero la fortuna lo hizo mejor de lo que se pensaba, porque
Sancho se arrojó° sobre el cuerpo de su señor, haciendo el más doloroso llanto   **se arrojó** threw himself
del mundo, creyendo que estaba muerto.

   El cura fue conocido por otro cura que venía en la procesión, lo que puso en
sosiego a los presentes. El primer cura dio al segundo conocimiento, en dos
razones, de quien era don Quijote. Luego todos los disciplinantes fueron a ver
a don Quijote.

   Con las voces y gemidos de Sancho revivió don Quijote, y su primera
palabra fue: —El que de vos vive ausente, dulcísima Dulcinea, a mayores
miserias que éstas está sujeto. Ayúdame, Sancho amigo, a ponerme sobre el
carro encantado. Yo ya no estoy para oprimir la silla de Rocinante, porque
tengo todo este hombro hecho pedazos.

   El canónigo, el cura y el barbero le dijeron que haría muy bien en hacer lo
que decía. Y así, pusieron a don Quijote en el carro, como antes venía. La
procesión volvió a ordenarse y a proseguir su camino. Los cuadrilleros no
quisieron seguir adelante, y el cura les pagó lo que se les debía. El canónigo

pidió al cura que le avisara si don Quijote sanaba de su locura o seguía en ella, y con esto tomó licencia para seguir su viaje. En fin, todos se dividieron y apartaron, quedando solos el cura y el barbero, don Quijote y Sancho Panza.

El boyero unció° sus bueyes y acomodó a don Quijote sobre un haz de heno,° y siguió lentamente el camino que el cura quiso. Al cabo° de seis días llegaron a la aldea de don Quijote, adonde entraron un domingo, al medio día, cuando toda la gente estaba en la plaza. El carro de don Quijote atravesó por la mitad. Todos acudieron a ver lo que venía en el carro y quedaron maravillados. Un muchacho acudió corriendo a dar las nuevas a su ama y a su sobrina, las que maldijeron una vez más los libros de caballerías. Así entró don Quijote en su casa.

La mujer de Sancho Panza acudió también a recibir a su marido. Lo primero que le preguntó a Sancho fue si venía bueno el asno.[3] Sancho respondió que venía mejor que su amo. Entonces ella le preguntó: —¿Qué bien° has sacado de tus escuderías?° ¿Qué ropas me has traído? ¿Qué zapatitos para tus hijos?

Sancho respondió: —No traigo nada de eso, mujer mía, aunque traigo cosas de mayor consideración.[4]

La mujer dijo: —Recibo mucho gusto de eso. Entonces muéstrame las cosas de mayor consideración. Las quiero ver, para que se me alegre este corazón, que ha estado tan triste en todos los siglos de tu ausencia.

Sancho respondió: —Ya te mostraré, en casa. Y siendo Dios servido, en nuestra próxima salida,° me verás conde o gobernador de una ínsula.[5]

Juana Panza, que así se llamaba la mujer de Sancho, preguntó: —¿Qué es lo que dices de condes e ínsulas?

Sancho contestó: —No quieras° saber todo tan de prisa. Basta que te diga la verdad, y cose la boca.°

Toda esta conversación pasó entre Sancho y Juana Panza, su mujer,[6] mientras el ama y sobrina de don Quijote lo desnudaron y tendieron en su antiguo lecho. Él las miraba con los ojos atravesados,° y no entendía dónde estaba.

El cura encargó a la sobrina que cuidara bien a su tío, y que estuviera alerta de que no se escapara otra vez de su casa. Ellas quedaron temerosas de verse sin su amo y tío en cuanto mejorara. Y en efecto, fue como ellas se lo imaginaron.

Pero el autor de esta historia, aunque ha buscado los hechos de la tercera salida de don Quijote, no los ha podido hallar. Sólo la fama° ha guardado las memorias que en su tercera salida don Quijote fue a Zaragoza,[7] donde halló famosas aventuras. Sobre su fin, se sabe que un antiguo médico tenía en su poder una caja de plomo° que había hallado en los cimientos derribados° de una antigua hermita. En esa caja se había hallado pergaminos° que contenían muchas de sus hazañas, y daban noticia° de la hermosura de Dulcinea, de la figura de Rocinante, de la fidelidad de Sancho y de la sepultura° del mismo don Quijote, con diferentes epitafios y elogios de su vida y costumbres.

---

unció yoked

haz de heno bundle of hay
Al cabo de At the end of

bien good

escuderías squireship

próxima salida next sally

No quieras Don't try

cose la boca button your lip

ojos atravesados cross-eyed

fama rumor

caja de plomo lead box
cimientos derribados
   crumbled foundation
pergaminos parchments
daban noticia gave an account
sepultura tomb

Notas

1. *disciplinantes:* In some parts of Europe, Catholics flog themselves in order to expiate their sins, or to gain mercies or indulgence.

2. This is a statue of the Virgin Mary, a holy symbol to all Catholics. Don Quijote sees her as a lady in distress. Cervantes is quite irreverent here in his attack against the external practices of the Catholic Church of the time.

3. Upon arrival, Sancho's wife asks first about the welfare of the ass. She doesn't greet Sancho. This shows the relationship Sancho had with his wife.

4. Sancho seems to be saying that the adventures with Don Quijote were a broadening, learning experience. We also see a marked contrast between Sancho and his wife. She is a realist-materialist. He implies that she wouldn't understand "things of great consideration," because she only values what she can see and feel and touch.

5. Although Sancho is sane, he clings to some of the fantasies of his master. This is an indication of his "quijotization," or his becoming more like Don Quijote.

6. The comical scene between Sancho and his wife provides relief to the otherwise very sad moment: the final defeat of the noble Don Quijote.

7. *Zaragoza:* Cervantes published the second volume of the adventures of *Don Quijote* ten years later, in 1615. The adventures, as promised here, did indeed begin in Zaragoza. The ancient city, named after Caesar Augustus, the Roman emperor, is located approximately 163 miles west of Barcelona.

Preguntas

1. ¿Quiénes venían en procesión? ¿Por qué razón?

2. ¿Qué imaginó don Quijote al ver la procesión? ¿Qué empresa hizo?

3. ¿Qué le advertía Sancho a su señor?

4. ¿Qué ordenó don Quijote a los disciplinantes? ¿Cómo le respondieron ellos?

5. ¿Qué resultado tuvo el ataque de don Quijote?

6. ¿Qué gritó Sancho Panza?

7. ¿Qué sucedió luego?

8. Cuando Don Quijote revivió con los gemidos de Sancho, ¿qué le pidió a su escudero? ¿Qué hicieron todos?

9. ¿Cómo llegaron a su aldea?

10. ¿Cómo recibió a Sancho su mujer?

11. ¿Qué traía Sancho a su mujer?

12. ¿Qué dijo Sancho cuando su mujer le pidió que le mostrara las cosas de mayor consideración?

13. ¿Qué hicieron el ama y la sobrina después de maldecir los libros de caballerías? ¿Qué ordenó el cura?

14. ¿Qué ha guardado la fama?

15. ¿Qué se sabe sobre su fin?

Vocabulario

The Master Spanish-English Vocabulary presented here represents the vocabulary as it is used in the context of this book.

The nouns are given in their singular form followed by the definite article only if they do not end in **-o** or **-a.** Adjectives are presented in their masculine singular form, followed by the feminine ending if it differs. Verbs are given in their infinitive form followed by the reflexive pronoun **(se),** if it is required; by the stem changes **(ie), (ue), (i);** and by the orthographic changes **(c), (z), (zc).**

A

a oscuras (in the) dark
a pesar de in spite of
abismo abyss
abollar to dent
aborrecido, -a hated, abhorred
abrazar to embrace
acabar (de) to have just, to finish
acalorado, -a heated
acariciar to caress
acceder to accede, to agree
acceso attack
aceite, el oil
acercarse to approach
aclarar to clarify
acobardado, -a intimidated
acogerse to take refuge
acometer to attack
acomodar to place, to put
acomodar(se) to make (oneself) comfortable
acompañante, el companion
acongojar to grieve, to be sorry
acontecimiento event
acordarse to remember
acostarse to go to bed
acostumbrarse to get used to
acrecentar to increase
acudir to come to

acuerdo
  de acuerdo in agreement
acurrucarse to huddle
adarga shield
adecuado, -a adequate, fit
adelantarse to move ahead
adelante ahead, forward
  de allí en adelante from then on
  de aquí en adelante from now on
ademán, el manner; gesture
además (de) besides
aderezar to prepare, to season
admirar to admire, to be amazed
adolorido, -a sore, sad
adorar to worship, to adore
advertencia warning
advertir (ie) to warn
afable pleasant, genial
afeitar to shave
afeminado, -a effeminate
afición, la liking, fondness
aficionado, -a fond of
afirmarse to steady oneself
afligirse to grieve
afortunado, -a fortunate
afrenta affront, dishonor
agasajar to treat
agazaparse to crouch
agradable pleasant
agradecer to thank (for)

agradecido, -a thankful

agravio harm, offense

aguar to spoil

aguardar to wait for

agudo, -a sharp

agujero opening

ahí there

ahínco eagerness, insistence, effort

airado, -a angry

ajeno, -a belonging to another

ala wing

alabar to praise

alba dawn

albarda pack-saddle

alboroto turmoil

alborozo merriment, joy

alcaide, el governor

alcanzar to reach, to gain, to catch

alcoba bedroom

alcuza cruet

aldea village

alegría joy

alforja saddlebag

aliento breath

alma, el *(fem.)* soul

almohada pillow

almorzar to eat lunch

alojarse to lodge

alrededor (de) around

alterarse to upset oneself

alteza highness

altillo bluff

alto, -a loud

    en voz alta in a loud voice

alumbrar to light

alzar to raise, to lift

allí there

    de allí en adelante from then on

ama, el *(fem.)* mistress, housekeeper

amanecer (zc) to dawn

amarillo, -a yellow

ámbar, el ambergris

ambos, -as both

amenazar to threaten

amo master

amor, el love

ancho, -a wide, broad

andaluz, -za Andalusian

andante errant

andar to walk, to go around

anillo ring

ánimo spirit

anochecer (zc) to be at nightfall, to
    get dark

ansia anxiety

ante in front of, before

anteojos, los glasses

antepasados, los ancestors

anterior before, previous

antifaz, el mask

antiguo, -a old, old-fashioned

antojarse to come to one's fancy

añadir to add

apacible calm, peaceful

apalear to beat

aparecer (zc) to appear

aparejar to prepare

aparejos, los supplies, equipment

apariencia appearance

apartarse to stray from, to
    withdraw

apear to dismount

apenas hardly, barely

aplacar to placate, to appease

apocar to belittle

apoderarse to take possession, to
    seize

aporrear to maul, to beat

aposento room

apresurarse to hasten

apretar to grip, grasp; to tighten

aprieto predicament, tight spot

aprobación, la approval

apuntar to point, to take aim

aquí
    de aquí en adelante from now on
árabe, el Arabic
arábigo, -a Arabic
árbol, el tree
ardiente fervent, blazing
arenga harangue, sermon
arma, el *(fem.)* weapon
armadura suit of armor
armonía harmony
arqueta trunk, chest
arrear to drive
arremeter to attack
arriba up
arriero muleteer
arrimar to lean on
arroba 25-pound measure
arrojar to throw
arropar to cover, to clothe
arroyo brook
artificio device
arzobispo archbishop
asaltar to assault, to attack
asco revulsion, nausea
asegurar(se) to ensure, to assure
asir to grab, to seize
asno ass, donkey
asomarse to appear, to loom up
asombrado astonished
aspa arm of a windmill
aspereza roughness
astilla splinter
astillero display case for lances
atar to tie
atender to pay attention, heed
atónito, -a astonished
atrás ago, behind
atravesado, -a lying across, sideways
atravesar to go through
atreverse (ie) to dare
atrevido, -a daring

aumentar to increase
aun even
aún still
aunque although
ausente absent
ave, el *(fem.)* bird
aventajarse (ie) to outdo, to top
averiguar to ascertain
avisar to give notice
aviso notice
azotar to whip, to beat
azufre, el sulphur

B

bacalao codfish
bacía shaving basin
báculo staff, support
bajar to go down, to get down
bajo under
baldón, el reproach, insult
banco bench
bandera flag, banner
bañar(se) to bathe
barba beard
barco boat
barra bar, rod, iron crow
barriga belly
barrunto conjecture
basca nausea
bastar to be enough
batán, el fulling mill
bellaco rogue
bellaquería roguish trick
belleza beauty
bello, -a beautiful
bendito, -a blessed
beneficio favor
besar to kiss
bienaventuranza blessing
bigote, el mustache
bisabuelos, los great-grandparents

bizco, -a cross-eyed
blanco, -a white
blandir to brandish
blando, -a soft
boca arriba face up
bodeguero owner of a wine cellar
bonetillo little cap
bonitamente carefully, neatly
bordón, el staff
borrar to cross out, to erase
borrasca storm
borrico donkey
bosque, el forest
bota wine bag
botica pharmacy
boyero oxcart driver
bramar to roar, to bellow
brebaje, el bad-tasting potion
brizma poultice
buey, el ox
bulto bundle
burla trick
burlar to trick
burlón, el prankster
buscar to look for
búsqueda search

C

cabalgadura beast of burden,
   mount
caballeresco, -a chivalrous, knightly
caballería chivalry
caballeriza stable
caballero knight
cabello hair
caber to fit into
cabestro halter
cabo end
cabra goat
cachorro cub
cadena chain

caer (caigo) to fall, to be suitable
caluroso, -a hot
calzar(se) to put on shoes
calzones, los pants
callar to be quiet
cámara chamber, bedroom
cambiar to change
camino road
camisa nightgown
campo open country
canalla, el scoundrel, knave, swine
canasta basket
candado padlock
candil, el oil lamp
canónigo canon, clergyman
cansancio fatigue, weariness
cansarse to get tired
cantar to sing
cantidad, la quantity
canto song, singing
cantor, el singer
caña straw, reed
capataz, el overseer
capilla chapel
carcajada burst of laughter
cargar to burden, to load
caritativo, -a charitable
carne, la flesh
carnero mutton, ram
carrera run, dash
carro chariot
cartapacio portfolio, notebook
cartón, el cardboard
casaca dress coat
casar(se) to marry
cascada waterfall
casi almost
caso case
   hacer caso to pay attention
castigar to punish
castigo punishment
castillo castle

casto, -a chaste, pure
causar to cause, to produce
cavar to dig
cebada barley
cebra zebra
cédula certificate of authorization
cegar (ie) to blind
celada helmet
celos, los jealousy
celoso, -a zealous; jealous, suspicious
cena supper
cenar to eat supper
ceñir (i) to gird
cerca fence, wall
cercano, -a near
cerda horsehair, bristle
cerebro brain
cerrojo bolt
cesar to cease
cetro scepter
cielo heaven, sky
cierto, -a certain
cincha girth
cinta ribbon
cintura waist
claustro cloister
cobarde cowardly
cobrar to acquire, to win
cocinar to cook
codo elbow
cofradía brotherhood
coger to get hold of
cogote, el nape of the neck
cola tail
colcha quilt, bedspread
cólera anger
colgar (ue) to hang
colmena beehive
coloquio discussion
compadre, el crony
compartir to divide, to share

compasivo, -a compassionate, humane
compuesto, -a composed, assembled
comúnmente commonly, frequently
con tal de que provided that, as long as
concertar (ie) to concert, to arrange
concluir (y) to conclude, to finish
condado countship, county
conde, el count
condesa countess
confesar (ie) to confess
confianza faith
confiar to confide
conforme in accordance with
confundir to confuse
conquistar to conquer, to vanquish
conseguir (i) to get, to obtain, to manage
consejo advice
consorcio union, marriage
contar (ue) to tell
contener to contain
contentar to be happy
continente, el gait, appearance
contornos, los vicinity
contradecir to contradict
contrahecho, -a deformed
contratar to engage
contravenir to go against
conveniente suitable, proper
convenir to suit, to agree
convertirse (ie) to turn into
copioso, -a copious, abundant
coraje, el courage, spirit, anger
corona crown
coronado, -a crowned
corpiño sash
cortar to cut
corral, el grazing pasture
correa leather strap, belt

corredor, -ra swift
correr to run
correrse to become confused, embarrassed
corresponder to reciprocate
cortesano courtier
cortesía courtesy
corveta prance, rearing
cosecha harvest
costilla rib
costumbre, la custom, habit
coz, la kick
crecer (zc) to grow
criado, -a servant
criar to raise, to rear
crujir to creak, to crackle
cruz, la cross
cuadrillero constable
cuajado, -a saturated
cualquier whatever, any
cuando
   de cuando en cuando from time to time
   de vez en cuando from time to time
cuanto so much
   en cuanto as soon as
cuatrero horse thief
cuchillada slash with a knife
cuello neck
cuenta bead; count; account, bill
   darse cuenta de to realize
cuento story, tale
cuerno horn
cuero leather, skin
cuerpo body
cuestión matter
cuidar to look after, to take care of
culpa blame, fault, sin
culpable guilty
culpar to blame
cumplir to fulfill

cura, el parish priest
cuyo, -a whose

CH

chapitel, el steeple
choza hut

D

daño damage
dar to give
   dar pasos to take steps
   darse cuenta de to realize
   darse prisa to hurry
debajo de underneath
deber to owe, ought, must
debido, -a proper, fitting; due
debilitar to weaken
dedo finger
deducir (zc) to deduce
degollar to behead
delante de in front of
deleite, el delight
delicado, -a faint, delicate
delincuente criminal
delito crime, transgression
demás, lo, los, las the rest
demora delay
demostrar (ue) to demonstrate, to show
denuesto, -a insult, outrage
derecho, -a right
derribar to knock down
desafío challenge, duel
desaforado, -a enormous, terrifying, reckless
desaguarse to drain oneself
desaguisado outrage, wrong
desahogar to relieve
desalmado, -a pitiless, cruel, inhuman

desarmarse to take off one's armor
desarrollar to unfold, to develop
desasirse to break loose
desatar to untie
desatino madness
desayunarse to eat breakfast
descalabrar to wound on the head
descanso rest, relief
descomedido, -a disrespectful, rude
descomulgado, -a excommunicated
descomunal enormous, huge
descoser to unstitch
descubrir to discover, to expose, to reveal
descuidar to neglect
descuido carelessness
desdicha misfortune, misery
desembolsar to disburse, to pay out
desenfado boldness
desentrañar disentangle
desesperar to annoy
desgajar to tear, to break off
desgracia mishap, misfortune
deshacer to undo
desigual uneven
desistir to cease, to stop
desleal disloyal
deslizarse to slide down
desmayarse to faint
desmayo fainting spell
desnudar to undress
desnudo, -a naked, nude
desollar to skin, to flay
despavorido, -a terrified
despacio slowly
despedirse to say goodby
despegar to unglue, to unstick
despertar(se) to wake up
desplumar to pluck
despojar to despoil
despojo spoils

destreza skill, dexterity
desuncir (z) to unyoke
desván, el attic
desvelarse to stay awake
desventurado, -a unfortunate, wretched
desviarse to turn aside, to swerve
detener to detain, to stop
detenidamente carefully
detrás (de) behind
devolver (ue) to return
deuda debt
diablo devil
dichoso, -a fortunate
diente, el tooth
digno, -a worthy
dilatar to postpone
discreto, -a articulate, prudent, discreet
diseñar to design, to draw
disfraz, el disguise
disfrazar to disguise
disimular to conceal
disparate, el absurdity, nonsense
disponible available
distraído, -a inattentive, distracted
divertirse (ie) to have a good time
docto, -a learned, erudite
dogmatizador trend setter
doler (ue) to hurt
doliente woeful, sorrowful
dolor, el pain
don, el favor
donaire, el grace, elegance
doncella maiden
dondequiera wherever, anywhere
donoso, -a witty, graceful, charming
ducho, -a skillful
dudar to doubt
dudoso, -a hesitant
dueño master, owner
dulce sweet

durante during
duro, -a hard

E

echar to pour; to send; to throw
edad, la age
ejercicio profession
ejercitar to practice
ejército army
embargo
    sin embargo nevertheless
embaucado, -a deceived
embelezado, -a astonished
embestir (i) to assail, to attack
embozado, -a cloaked
embrazar to clasp
embuste, el deceit, trick
empeñar to pawn
empeorar to worsen
emperador, el emperor
emperatriz, la empress
empero however, but, nevertheless
empinar to raise
emplastar to poultice
empresa undertaking
enamorado, -a in love
enamorarse to fall in love
enano dwarf
enarbolar to hoist
encajar to fit
encaminar(se) to lead to, to go well with, to head towards
encantador, el enchanter, sorcerer
encantamiento spell, charm
encarecidamente earnestly
encargar to order
encender (ie) to flare up, to light
encerrarse (ie) to lock oneself up
encina oak
encomendar (ie) to commend, to entrust

encuadernado, -a bound
enderezar(se) to straighten
endiablado, -a possessed by the devil, evil
enemistad, la hatred
enfado anger
enfermedad, la illness, sickness
enflaquecer (zc) to weaken
enfrascarse to be deeply absorbed
enfurecer (zc) to infuriate, to enrage
engañar to deceive, to trick
engañarse to be mistaken
enjuto, -a lean, skinny
enloquecer (zc) to go insane
enmienda amendment, correction
enmudecer (zc) to become silent
enojo anger
enriquecer (zc) to enrich
ensalmo prayer
ensangrentado bloody
ensartar to string
ensillar to saddle
enterarse (de) to find out, to become aware (of)
entrañas, las entrails, heart, soul
entregar to deliver
envasar to drink to excess
enviar (envío, envías) to send
envidia envy
envidiar to envy, to be jealous of
envilecer (zc) to debase, to degrade
escaramuza skirmish
escoger to choose, to select
esconder to hide, to conceal
escopeta shotgun
escuálido, -a skinny, thin
escudilla bowl
escudero squire
escudo shield
esencia essence
espada sword
espalda back

espaldar, el shoulder piece
espantable frightful
espejo mirror
espeso, -a thick, dense
espesura thickness, denseness
espinazo spine, backbone
espolear to spur
esposa wife
esposas, las handcuffs
espuela spur
establo stable, barn
estaca club, stick
estado state, condition
estante, el shelf, bookcase
estatua statue
estera mat
estrecho, -a narrow
estrella star
estribo stirrup
estruendo clatter
evitar to avoid
extraño, -a strange

F

fácil easy
faja band, stripe
falso, -a false
faltar to be lacking
fanega measure equal to 1.6 acres of
    land, 1.5 bushels
fantasma, el ghost, phantom
fastidiar to bother
fatigar to bother, to annoy
favorecido, -a favored
faz, la face
fe, la faith, word
felicidad, la happiness
fiero, -a fierce
figura figure, face
fijarse to notice
fin, el end

fingir to pretend
firmado, -a signed
flaco, -a thin, skinny, weak
follón, el rogue
forcejar to struggle
forjar to forge
fortaleza strength, fortress
fraile, el friar
frente a in front of
fresco, -a fresh
fuente, la fountain
fuera outside
fuerza strength, force, power
fundir to melt
furia fury
furibundo, -a furious, raging mad

G

gabán, el overcoat
galeote, el galley slave
galera galley
galgo greyhound
gallardo, -a gallant, brave
gallina chicken
gamo deer
gana desire, will
    de buena gana willingly
ganadero rancher
ganado livestock
ganar to earn, to win
garra claw
gasto bill, expense
gato cat
gemir (i) to moan
género kind, type
gentil pleasant, charming, graceful,
    elegant
gentileza elegance
gigante, el giant
gitano gypsy
gobernar (ie) to govern, to rule

gobierno government, control
golpe, el blow
gozar to be delighted, happy
gozo joy
gracioso, -a graceful, charming; funny
grandeza greatness
grano grain
grasiento, -a greasy
griego, -a Greek
grito shout
grueso, -a thick, big
guardar to keep
guarnecer (zc) to garrison
guerra war
guiar (guío, guías) to guide
guijarro pebble, rock
gusanillo little worm
gusto pleasure, liking, fancy

H

haber de to be (supposed) to
hacer caso to pay attention
hacerse to become
hacia towards
hacienda income
hallar to find
hasta until; up to; even
hato flock, herd
hazaña deed, feat
hechicero warlock, sorcerer
heredar to inherit
heredera heiress
herida wound
herir (i) to wound
hermosura beauty
herradura horseshoe
herrero blacksmith
hidalgo lesser nobleman
hierbajo old weed
hierro iron
hincarse to kneel

hoguera blaze, bonfire
hoja leaf
hojear to leaf through
hombro shoulder
hombruno, -a mannish, masculine
honda slingshot
honestidad, la honesty, chastity
honra honor
honrar to honor
horadar to pierce
hospedar to lodge
hostelero innkeeper
hostería inn, hostel
hueso bone
huésped, el guest
huir (huyo) to flee
humedecer (zc) to moisten
humilde humble
humo smoke
huso spindle

I

ídolo idol
igualarse to compare oneself
impedir (i) to prevent
importunación, la foolish request
imprimir to print
inclinado, -a bent over
incorporarse to stand up
indigno, -a unworthy
infame infamous, vile
infeliz unhappy
injuria insult
ínsula island
intricado, -a complicated
ira ire, wrath

J

jadeante panting, out of breath
jamás never, ever

jarro jug, pitcher
jaula cage
jinete, el horseback rider
jornada day's journey
jornal, el day's wages
jorobado, -a hunchbacked
joya jewel
jubón, el jacket
juguetón, -ona playful
juicio soundness of mind
jumento ass, donkey
juntarse to join
junto a next to
juntos, -as together
juramento oath
jurar to swear

L

labio lip
labrador, -a farmer, peasant
labranza farming
lado side
ladrón, el thief
lagar, el wine press
lagartija small lizard
lágrima tear
lanzar to throw
lastimado, -a pitiful
lata tin
lavar(se) to wash
lectura reading
lecho bed
lejos far away
   a lo lejos at a distance
   desde lejos from afar
lenguaje, el language, speech
leve light, of little importance
ley, la law
liar to tie, to bundle
liberar to free
libre free

licenciado, -a licensed
   professional
lícito, -a legal, lawful
licor, el liquid, liqueur
lid, la battle, struggle
liebre, la hare
ligadura binding
ligereza lightness, swiftness
limosna alms, charity
limpiar to clean
limpio, -a clean
linaje, el lineage
línea line
liso, -a smooth, even
locura madness, insanity
lograr to succeed, to manage
lomo loin, back, spine
luciente shining
luchar to fight
luego then
   luego de after
lugar, el place
luna moon
lunar, el mole

LL

llaga sore
llano, -a plain, even, level
llanto crying, lament
llanura plain, prairie
llenar to fill
lleno, -a full
llorar to cry
llover (ue) to rain

M

machacar to crush, to pound
madero beam, timber
madrugar to rise early
majadería nonsense

majadero, -a annoying, importunate, fool
malandrín, el scoundrel, rascal
malbaratar to squander
maldecir to curse
maldito, -a cursed
maleante, el prankster
maleficio damage
maleta suitcase
malhechor, el criminal
malherido, -a badly wounded
malparado, -a shaken up, mauled
maltrecho, -a battered
manada herd, pack
manar to ooze, to flow
mancha spot
mandado errand
mandar to order; to send
manera way
manotada blow with the hand
mansedumbre, la humbleness
manso, -a tame
manta blanket
manteamiento blanket-tossing
mantear to toss in a blanket
máquina machine, contrivance
marchito, -a wilted, withered
marido husband
mármol, el marble
mas but
matar to kill
matorral, el bush, scrub, thicket
mayordoma head of the household
mazo mallet, wooden hammer
medio middle
medio, -a half
meditar to meditate
medrar to become discouraged
medroso, -a fearful
menear to stir up
menester, el need, necessity
menesteroso needy

mengua loss
menos less
   por lo menos at least
menosprecio disrespect
mentecato fool
mentir (ie) to lie
mentira lie
menudencia small detail
merced, la honor, worship, mercy, favor
merecer (zc) to merit, to deserve
meter to put in, to introduce, to get into
miedo fear
mientras tanto meanwhile
milagro miracle
miserable wretched
misericordia mercy, pity
mismo, -a same; himself, herself, themselves
misterio mystery
mitad, la the middle; half
mocedad, la youth
modo manner, way
mohinísimo, -a very angry
moho mold
mojicón, el punch
moler (ue) to grind, to wear out
molido, -a milled, worn out
molimiento mauling
molino mill
mollera crown of the head
montar to ride, to get on
montera cap
montón, el heap, pile
montura saddle
morir (ue) to die
mostrar (ue) to show
moverse (ue) to move
moza young woman
mozo young man
muela molar

muerto, -a dead
muestra sign
mugriento, -a greasy, dirty
mundo world
muñeca wrist
musitar to muse
muslo thigh

N

nacer to be born
nariz, la nose
nata cream
natural native
navaja shaving blade
necedad, la foolishness
negar (ie) to deny
negarse (ie) to refuse
negocio business
nervio tendon, sinew
nieve, la snow
nigromante, el necromancer,
    sorcerer
nombrar to name
noticia news
notorio, -a obvious
novel, el rookie
nube, la cloud
nuevo new
    de nuevo again

O

obedecer (zc) to obey
objetar to object
obstante
    no obstante nevertheless
ocio idleness
oficio job
ofrecer (zc) to offer, to present
oído ear
oír to hear

oler (hue) to smell
olfato sense of smell
olla pot
oponerse to object, to be opposed
oprimir to oppress
optar to choose
opuesto, -a opposite
oreja ear
oro gold
osar to dare
oscuras dark
    a oscuras (in the) dark
oscuridad, la darkness
otorgar to grant
oveja sheep
ovillo ball of yarn

P

pacer (zc) to graze
pacífico, -a peaceful
padecer (zc) to suffer
pajar, el straw loft, hay loft
pálido, -a pale
paliza beating
palmo span of the hand
palo stick, club
paloma dove
pan, el bread
pantuflo slipper
panza paunch, belly
paño cloth
papel, el role
par, el peer
parabién, el congratulations
paradero whereabouts
parar(se) to stop, to stand up
pardo, -a grayish brown
pared, la wall
partir to leave
párrafo paragraph
pasa raisin

pasar to pass; to happen; to spend
pasearse to walk, to stroll
paso episode; step
   dar pasos to take steps
pastor, el shepherd
pastora shepherdess
pastoril concerning shepherds
pata leg
patria homeland, fatherland
pavor, el terror, dread
paz, la peace
pecado sin
pecho chest
pedazos, los pieces
pedrada blow with a stone
pelado, -a plucked
pelar to pluck
pelea brawl, fight
pelear to fight
peligro danger
peligroso, -a dangerous
pena sorrow, grief
pendencia contest, dispute, brawl
penitencia penance
pensamiento thought
pensativo, -a pensive
peña rock, cliff
peñasco, -a large rock
percance, el misfortune, mishap
peregrino, -a singular, unique,
   exotic
perito expert
pertenecer (zc) to belong
pertrechos, los armory
pesadilla nightmare
pesadumbre, la sorrow
pesar, el sorrow, grief
   a pesar de in spite of
pescador, el fisherman
peso weight
pestes, las profanities, swearwords
peto breastplate

piadoso, -a pious, compassionate
picar to spur
pícaro rogue
pie, el foot
   a pie on foot
piedra stone
piel, la skin
pienso feeding
pila trough
pintar to paint, to portray
placer, el pleasure
plata silver
plática talk, chat, conversation
poder possession
poderío power, might
poderoso, -a powerful
poesía poetry
polémica discussion
polvareda dust cloud
polvo dust
polvoroso, -a dusty
pollino young donkey
porfiar to persist
porquero swineherd
porrazo blow
portón, el doorway
posada lodging
postizo, -a false, fake
pozo well
prado field, meadow
precipitar to fall
preciso, -a necessary
prenda loved one
preocuparse to worry
preso prisoner
presteza hurry, haste
presto, -a quick
prevenirse to prepare oneself
príncipe, el prince
principio beginning
prisa haste
   darse prisa to hurry

probar (ue) to test, to prove, to try

procurar to attempt, to endeavor

proeza great deed

prójimo fellow being

promesa promise

prometer to promise

proponerse to decide, to determine

proseguir (i) to continue, to proceed

proteger to protect

provecho benefit

proveerse to gather provisions

proveniente originating

provenir to originate

pueblo village

puente, el bridge

puerco pig

punta point, tip, end

punto point

  al punto at once

  en punto at once

puñada blow with the fist, punch

puño fist

puta whore

Q

quebrado, -a broken

quebrantado, -a weakened, broken-down

quedar(se) to remain

  quedarse con to keep

queja complaint

quejarse to complain

quemar to burn

querido, -a dear, beloved

queso cheese

quieto, -a still

quietud, la calmness

quijada jaw

quitar(se) to take away, to take off

quitasol, el parasol

quizá perhaps, maybe

R

rabo tail

ráfaga gust of wind

rallar to grate, to shred

rama branch

raposa fox

rascar to scratch

rasgar to tear, rip

raso satin

rato moment; while

rayo thunderbolt

razón, la argument, reasoning, reason

recado message

recio, -a strong, loud

recluso prisoner

recoger to gather

recogerse to take shelter

recto, -a straight

recua herd, pack

redecilla hair net

refocilarse to enjoy oneself

refriega fray, skirmish

refugiarse to take refuge, shelter

regalado, -a comfortable

regalar to give gifts

regla rule

regocijo good time, joy

regresar to return

rehacer to redo, to repair

reina queen

reino kingdom

relumbrar to glitter

remediar to remedy

remojar to mix

remunerar to pay

renacuajo tadpole

rencor, el hate, rancor

renglón, el line
reniego swearing, curse
renombre, el glory
reñido, -a hard-fought, bitter
replicar to answer
reposado, -a peaceful
reprensión, la reprimand
requiebro gallantry, flattery
rescatar to rescue
resbalar to slip, to slide
respuesta answer
resucitar to revive
resuelto, -a solved, resolved
retirarse to back off, to withdraw
retórica rhetoric
retrato picture
reventar (ie) to burst
revés, el backside
   al revés the other way around
revolcarse to wallow
revolver to roll
revuelto, -a scrambled
rey, el king
rezar to pray
rienda rein
rijoso, -a lustful
rimero heap, pile
rincón, el corner
risa laughter
ristre
   en ristre at the ready *(lanza)*
risueño, -a cheerful, giddy
robar to rob, to steal
rociar to sprinkle
rocín, el nag, hack
rodar (ue) to tumble, to fall, to roll, to turn
rodear to surround, to encircle
rodela shield
rodilla knee
roer to gnaw
rollizo, -a plump

romance, el romance, ballad
romo, -a stubby, pug-nosed
romper to break
rostro face
rótulo title, label
rucio donkey
rueda wheel
ruido noise
ruin rotten, wretched

S

sábana sheet
sabio, -a wise
sabor, el taste, flavor
sacar to take out
sacudir to shake
safarse to break loose
sal, la salt
salpicón, el spiced chopped beef
salud, la health
saludable healthful, salutary
salteador, el highwayman
sanar to heal, to recover
sandez, la foolishness
sano, -a healthy
sangre, la blood
seco, -a dry, skinny
secuestrar to kidnap
seda silk
sedero silk merchant
segador, el harvester
seguido
   de seguido next, at once
seguir (i) to follow, to continue
sembrar to plant
sembrío sown land
semejante similar, like
sentar (ie) to seat
sentido sense
   sin sentido unconscious
sentir (ie) to feel, to hear

señal, la signal, sign
sí himself, herself, itself, themselves
sierra mountain range
sigilo secrecy, caution
siglo century
significado meaning
silla chair
simiente, la seed
sin embargo nevertheless
sinrazón, la absurdity; injustice
sinsabor, el trouble
siquiera even
sitio place
sobornar to bribe
sobre above, over; about
sobrenombre, el nickname
sobresalto fright
sobrina niece
socarrón jesting, mocking
socorrer to help
soez low, vulgar
solazarse to comfort oneself, to relax
soldada wages
soldado soldier
soler (ue) to be accustomed to, to be used to
solo, -a alone
soltar (ue) to let go
solucionar to solve, to resolve
sollozar to sob
sonar (ue) to sound
sonoro, -a sonorous
soñar (ue) to dream
soplar to blow
soportar to bare, to tolerate
sorprendido, -a surprised
sosegado, -a calm, relaxed
sosegar (ie) to calm
sosiego calmness
sospechar to suspect
sotana cassock

subir to go up, to raise
suceder to happen, to occur
suceso event, occurrence
sudar to sweat
sudor, el sweat
suelo ground
sueño dream, sleep
suerte, la luck
suplicar to beseech
suspenso, -a astonished, enthralled
suspiro sigh
sustentarse to nourish oneself
sutileza subtleness

T

tabla board
tafetán, el taffeta
tajada cut
tajar to slice
tal such
    con tal de que provided that, as long as
    tal vez perhaps
talante, el disposition, mood
talle, el shape, form, waist
tampoco neither
tañer to pluck a stringed instrument
tapiar to wall up, to close up
tardanza delay
tardar to delay
tarea task
tejado roof
temer to be afraid
temeroso, -a fearful
temor, el fear, dread
tender to stretch out, to lay out
tentar (ie) to tempt
terciopelo velvet
terminar to end
ternura tenderness
tesoro treasure

testigo witness

tierra land

tinto red wine

tira strip

tirar to pull

titubear to hesitate

título title

tonel, el barrel, cask

topar to come upon

torcer (ue) to turn

tormenta misfortune

tornar to return

   tornar a to do again

tornarse to turn into

torneo jousting tourney

torre, la tower

traducir (zc) to translate

traidor traitor

trama plot, scheme

tranquilizarse to calm down

tras after, behind

trasladar to copy

traspasar to pierce, to run through

trasquilar to shear, to cut

trasudor, el light perspiration

tratar de to try to; to be about

trato treatment

traza aspect, appearance

trecho distance, way

tribunal, el court

trigo wheat

triste sad

triunfar to triumph

trocar (ue) to exchange

tronco trunk

tropel, el mob, throng

tropezar (ie) to stumble, to trip

tropiezo stumbling block, difficulty

trote, el trot

tuerto wrong

tuerto, -a one-eyed

tumbar to knock down

turbación, la disturbance, trouble

U

último, -a last

ungüento ointment

único, -a unique, only

unirse to join

uña fingernail

usanza habit, custom

V

vaciar to empty

vagamundo, -a vagabond

valer to be effective, useful; to be worth

valeroso, -a brave

valor, el value; courage, bravery

vano, -a vain

vara staff

vecino, -a neighbor

vejez, la old age

vela candle

velar to watch over, to stay awake

vello hair

vellorí, el wool fabric

vencedor, el victor

vencer (venzo, vences) to vanquish, to defeat

venganza vengeance, revenge

venta inn

ventera innkeeper's wife

venteril modest, innly

ventero innkeeper

ventura luck

venturoso, -a adventurous, lucky, fortunate

verjas, las gridwork

versado, -a versed, informed